KB210155

그리스도교

그리스도교란 무엇인가?

로완 윌리엄스 지음 · 정다운 옮김

이 도서의 국립중앙도서관 출판시도서목록(CIP)은
서지정보유통지원시스템 홈페이지(http://seoji.nl.go.kr)와
국가자료공동목록시스템(http://www.nl.go.kr/kolisnet)에서
이용하실 수 있습니다. (CIP제어번호: CIP2019010491)

그리스도교

그리스도교란 무엇인가?

로완 윌리엄스 지음 · 정다운 옮김

비아
VIA

| 차례 |

일러두기

· 성서 표기와 인용은 『공동번역 개정판』(대한성서공회, 1999)을 따르되
  맥락에 따라 『새번역』(대한성서공회, 2004), 『개역개정판』(대한성서공
  회, 1998)을 병행사용하였습니다.

· 역자 주석의 경우 *표시를 해 두었습니다.

01

―

그리스도교란 무엇인가?

그리스도교에 대해 알지 못하는 사람이 1년 동안 그리스
도교 교회에서 일어나는 일들을 지켜본다고 상상해 봅시다.
그의 눈에 그곳, 그곳에 모이는 사람들, 그곳에서 일어나는
일들은 어떻게 보일까요? 아마도 먼저 그는 그리스도교인들
이 일주일 중 하루를 중요하게 여긴다는 사실을 알게 될 것
입니다. 특히 그리스도교 문화권 국가들을 관찰한다면, 그들
이 일요일을 유난히 중시하고 그날이 되면 함께 모여 기도를
드리기도 한다는 것을 알아채겠지요. 그리스도교인들이 이
렇게 모이는 이유가 하느님이라는 분을 노래하고 이야기하
기 위해서라는 것, 그분을 만물을 창조하시고 또 심판하시는

분이라 고백한다는 것도 알게 될 것입니다. 하느님 앞에 무릎을 꿇고 고개를 숙인 채 그분을 향해 자신들이 지은 죄, 자신들의 실패를 고백하고 감사를 드리는 모습도 보일 테고, 한 책을 거룩한 경전으로 여기고 모임 중에 낭독하며 지도자로 보이는 사람이 그 책을 어떻게 이해해야 하는지 가르치는 모습도 눈에 들어올 것입니다. 교인들이 기도를 마칠 때 '예수 그리스도'를 언급한다는 것도, 그 예수를 '주님'Lord이라고 부른다는 것도 알게 되겠지요.

그리고 그리스도교인들이 시기마다 예수의 탄생, 삶, 죽음, 기적처럼 죽었다가 살아난 일을 기념하는 모습을 보게 될 것입니다. 기도를 유심히 듣다 보면 어느 날은 "성부, 성자, 성령"을 언급하며, "성부, 성자, 성령"의 이름으로 서로를 축복하는 소리도 듣게 되겠지요. 이윽고 그는 그리스도교 공동체가 새로운 구성원을 맞이할 때 행하는 예식도 보게 될 것입니다. 새 구성원 머리에 물을 붓거나, 몸을 물에 담그거나 하며 말이지요. 교회에서 빵과 포도주를 나누는 모습도 보게 될 테고, 그리스도교에는 다양한 교파가 있지만 그와 상관없이 모든 교회는 규칙적으로 빵과 포도주를 축성하고 이를 나눈다는 사실도 그는 알게 될 것입니다. 빵과 포도주를 나누어 먹고 마시는 일이 예수의 몸과 피를 나누어 먹고 마신다는 뜻임을 알게 되면 당혹스러워하거나 어쩌면 충격을 받을지도 모르겠습니다.

이 작은 책에서는 이처럼 외부인의 시선으로 그리스도교를 볼 때 가질 법한 물음들을 던지고 나름대로 답해보려 합니다. 이미 교회에 다니고 있는 분들도 이런 물음을 마음에 품고 있을지 모르겠습니다. 어떠한 경우든(외부인이든 내부인이든) 이러한 물음들을 살피는 것은 그리스도교란 무엇인지 그 문제의식을 좀 더 명확히 하는 데, 그리고 또 다른 질문이 이어지게 하는 데 도움이 될 수 있을 것입니다.

하느님: 아버지, 아들, 그리고 성령

그리스도교인들이 기도할 때 가장 분명하게 드러나는 특징부터 살펴보겠습니다. 그리스도교인은 "우리 주 예수 그리스도의 이름으로" 혹은 "우리 주 예수 그리스도를 통하여" 기도합니다. 그리스도교에서 가장 널리 알려진 기도(주의 기도)는 다음과 같은 말로 시작합니다.

하늘에 계신 우리 아버지

그리스도교인들은 아버지를 부르며 기도를 시작하여 예수

그리스도를 기억하며 기도를 마칩니다. 둘은 서로 연결되어 있습니다. 그리스도교인에게 가장 중요한 믿음은 예수 그리스도의 권리, 그가 아들로서 하느님 아버지와 이야기를 나누었듯 우리 또한 아버지의 자녀로 그분과 이야기를 나눌 수 있다는, 그러한 권리를 받았다는 믿음일 것입니다. 예수를 가득 채운 생명, 힘, 성령을 우리 또한 받았기 때문입니다.

그리스도교인은 마리아의 아들 예수가 온전히 인간임을 믿습니다. 그러나 그리스도교인은 동시에 그 이상을 믿습니다. 사람들을 가르치고 또 용서한 그의 능력, 이를 통해 드러난 그의 권위는 (복음서들이 기술하듯) 하느님에게서 온 것이기에, 예수가 인간으로 살았던 시기, 그의 전 생애, 매 순간, 하느님께서 그 안에서, 그를 통해 활동하셨다고, 예수의 활동이 곧 하느님의 활동이었다고 그리스도교인은 믿습니다. 몇몇 그리스도교 사상가들은 그의 인생을 불에 달구어져 불만큼이나 뜨거워진 쇠에 견주곤 했습니다.

그리스도교인들은 예수를 '하느님의 아들'the Son of God이라고도 부릅니다. 그러나 이는 하느님이 그의 육체적인 아버지라는, 혹은 예수가 하느님 곁에 있는 또 다른 하느님이라는 뜻이 아닙니다. 오히려 그들은 저 말을 통해 한 분 하느님이 살아계시며 영원하고 구별되는 세 가지 방식으로 실재하심을 고백합니다. 한 분 하느님은 만물의 원천입니다. 그분의 생명에서 만물이 흘러나옵니다. 그러나 그 '흘러나옴' 속에도, 그분은 살아계시며 실재하십니다. 그분에게서 나온 생명은 그분과 다르지 않습니다. 그분에게서 흘러나온 생명 또한 모두 그분을 반영합니다. 이렇게 흘러넘치는 생명은 그분의 영광과 아름다움을 드러내며 피조물과 그분이 소통하고 있음을 보여줍니다. 그리스도교인들은 예수를 하느님의 영광을 드러내는 영원하고도 완전한 '형상'image이라고 말하며 때로는 그분의 '지혜'wisdom라고, 때로는 그분의 '말씀'Word이라고, 때로는 그분의 '아들'Son이라고 부릅니다. 그러니 예수를 육체적이고 문자적인 의미에서 하느님의 '아들'이라고 이해해서는 안 됩니다. 만물의 원천인 한 분 하느님은 '아버지'로부터 밖으로 생명이 흐르게 하며 '아들'을 통해 만물을 다시금 아버지께로 이끕니다. 그렇게 그분은 인류를 이끄시며, 지키시고, 활력을 불어넣으셔서 선함과 지혜로 인류를 (그리고 온 세계를) 모두 하나 되게 하십니다. 이 활력과 힘을 그리스도교인은 '성령'Holy Spirit이라고 부릅니다.

그러므로 "성부와 성자와 성령"이라고 말할 때, 이는 하느님이 셋이라는 뜻이 결코 아닙니다. 세 사람이 한 방에 있듯 천상에 신적인 존재 셋이 머물고 있다는 뜻도 아닙니다. 그리스도교인은 분명 성부와 성자와 성령이 서로 구별되며 다른 방식으로 영원히 존재하며 활동한다고 믿습니다만, 이 세계에 있는 사물이나 사람이 구별되듯 서로 구별된다고 생각하지는 않습니다. 그리스도교인이 다른 종교를 가진 사람과 대화를 나눌 때 이는 매우 중요합니다. 특히 무슬림과 대화를 나눌 때 그렇습니다. 하느님이 아닌 다른 어떤 존재를 보고 하느님을 연상해서는 안 된다는 꾸란의 강력한 경고를 그리스도교인들이 접한다면 그들은 진심으로 이에 동의할 것입니다.

그렇다면 이제 그리스도교인들이 왜 예수를 '하느님의 아들'이라고 부르는지 짐작할 수 있을 것입니다. 그리스도교인들은 하느님의 영원한 '말씀'과 '지혜'가 그의 정신과 몸을 완전히 점유했다고 믿으며, 이를 '예수 안에서, 예수를 통해 하느님의 말씀과 지혜가 육신을 입었다'고, '성육신'했다고 표현합니다. 하느님의 말씀과 지혜가 영원히 하느님의 영광과 아름다움을 반향하듯 예수는 하느님의 영광과 아름다움을 우리가 살아가는 이 세상, 인간 역사 속에 비추며 하느님께서 본래 뜻하신 영광, 인간에게 부여한 참된 영광, 인간이 지닌 참된 위엄이 무엇인지를 보여줍니다. 그리스도교에서 '구약'Old Testament이라고 부르는 유대교 경전은 때로 하느님의 말씀과 지혜를 하느님의 '자녀'로 그립니다(그리고 하느님의 지혜를 따라 그분의 백성을 다스리는 왕을 '하느님의 아들'이라고 부릅니다). 이러한 맥락에서 그리스도교인들은 예수를 하느님의 백성을 다스리도록 기름 부음 받은 왕, 하느님의 지혜가 육신을 입은 존재, 하느님의 아들이라고 부릅니다. 그렇기에 앞서 말했듯 그리스도교 사상가들은 '아들'이라는 말을 육체적인 의미에서 '아들'이라는 뜻으로 이해해서는 안 된다고 말했던 것입니다.

인간 예수가 목소리를 내 하느님을 향해 기도드릴 때 그는 그분을 '아버지'라고 불렀습니다. 이때 '아버지'는 예수의 전 존재가 하느님에게서 왔음을, 예수가 이를 자각했음을 보여주는 표현일 뿐 아니라 하느님과 함께 기쁨을 누리는 데서 나오는 온전한 자신감, 그분을 향한 신뢰의 표현이기도 합니다. 요한 복음서에서 반복해 이야기하듯 예수는 하느님의 마음과 정신을 정확히 알며 자신과 함께하도록 부름받은 이들에게 이를 온전히, 위엄 있게 드러내 보입니다. 그러므로 그리스도교인들이 "우리 주 예수 그리스도를 통해", 혹은 "우리 주 예수 그리스도의 이름으로" 기도할 때 그들은 하느님을 향해 이렇게 말을 건네고 있는 셈입니다.

오, 하느님, 당신께서는 제가 당신께 드리는 기도를 예수가 드리는 기도로 삼으시겠다고, 예수가 받은 그 사랑으로 우리를 돌보아 주시겠다고 약속하셨습니다.

기도할 때 그리스도교인으로서 우리는 예수가 섰던 그 자리에 서서, 그가 했던 말로 기도하는 셈입니다. 이를 통해 우리는 하느님을 '아버지'라 불렀던 이가 받은 그 사랑을 우리도 받게 되리라 담대하게 소망할 수 있습니다.

예수: 구원자

비그리스도교인들은 그리스도교인들이 하느님의 명령에 자발적으로 복종해 스스로 선해지려 애쓰는 대신 예수에게 기대려 한다고 생각합니다. 이 같은 맥락에서 어떤 이들은 그리스도교가 예수를 핑계로 자신의 행동에 온전히 책임을 지지 않게 한다며 비판하곤 합니다. 그러나 그리스도교인들이 예수에게 기대는 것은 자신의 행동에 대한 책임을 예수에게 덮어씌우는 것이 아닙니다. 그리스도교인들이 실제로 믿는 바는 이러합니다. 그들은 하느님께서 당신의 뜻을 따라 만물을 창조하셨다고 믿습니다. 그러나 최초의 인간은 하느님께서 자신들에게 무엇을 바라시는지를 알면서도 이에 순종하기를 거부했습니다. 이러한 반역으로 인해 이 세상은 부패하기 시작했고 이후 모든 사람이 그 길에 서게 되었습니다. 신생아가 말을 배우기도 전에 하느님을 향한 반역의 '기운'은 아이에게 영향을 미칩니다. 삶에서 우리는 다른 이들이 행한 일들에 깊은 영향을 받으며 그 결과를 바로 잡기란 매우 어려움을, 사실상 불가능함을 깨닫습니다.

　이처럼 그리스도교에서는 온 인류가 자유롭지 못하게 되었다고, 자유에 한계가 생겼다고 이야기합니다. 분명 하느님께서 목적하시는 바가 있고 그 목적은 충분히 선명하지만, 인류는 죄와 반역을 일삼은 역사라는 감옥에 갇혀 있어 스스로의 힘으로는 그 목적을 이룰 수 없게 되었습니다. 바울이 가르쳤던 것은 바로 이것입니다. 우리가 무엇을 하기도 전에 이미 이 세상에 들어와 퍼져있는 것, 하느님을 배신하고 그분의 목적을 흐리고 교란하는 일을 그리스도교인들은 '원죄'original sin라고 부릅니다.

　하느님의 뜻과 본성을 따라 이 세계와 피조물들이 조화를 누리며 살 수 있는 자유를 회복하실 수 있는 분은 오직 창조주 하느님뿐입니다. 그분은 어떻게 그 일을 펼쳐나가실까요? 그리스도교에서는 한 사람을 통해, 마리아가 예수를 낳게 함으로써, 당신의 뜻에 완전히 순종하는 인간이 존재하게 하심으로써 그 일을 펼쳐나가신다고 믿습니다. 예수는 온전히 인간이면서도 무한한 생명의 원천인 하느님에게서 나오는 생명, 만물을 창조하신 그분의 사랑으로 가득 찬 존재입니다. 그렇기에 그는 우리에게 본래 우리가 살아야 할, 참된 인간의 삶이 무엇인지를 보여줍니다. 좀 더 정확히 말하면 '보여주는' 것 이상입니다. 예수의 삶은 하느님의 뜻, 그분의 선과 완벽한 조화를 이루기에 그는 거절당하는 자리, 죽음의 자리에까지 (아버지 하느님처럼) 자신을 내어줄 수 있었습니다. 그가 죽음을 감내함으로써 인류와 하느님이 이루었던 사랑의 관계는 회복되었습니다. 십자가로 나아가면서, 죽음을 맞이하면서 예수는 인류가 저지른 반역과 연약함으로 인해 생긴 모든 고통을 끌어안았다고 그리스도교인들은 고백합니다. 그는 우리가 저지른 배신, 우리의 연약함으로 인해 우리가 치러야 할 대가를 치렀습니다. 그가 사랑으로 이 고통을 끌어안음으로써 인류에게는 새로운 가능성이 열렸습니다. 인간은 더는 하느님을 사랑하지 못하는 절망, 하느님에게 순종할 수 없는 절망에 빠져 있지 않아도 됩니다.

예수를 향해 나아가 그를 신뢰하며 그의 마음을 닮아갈 때, 그가 섰던 자리에 서서 그가 말한 것을 말할 때 하느님께서는 성령을 통해 우리에게 다시금 당신의 뜻을 따라 살아갈 자유를 주신다고, 우리가 그분의 성품을 드러내도록 하신다고 그리스도교인들은 믿습니다. 이 자유를 누리지 못하는 한, 우리는 참된 우정과 유대감을 경험할 수 없습니다. 우리는 모두 하느님과의 불화, 그분을 향한 배신이라는 유산을 물려받았고, 우리가 맺는 모든 관계에는 그 유산이 스며있습니다. 우리가 맺는 우정, 유대에는 한계가 있습니다. 그러나 예수는 우리를 유혹하는, 파괴적인, 자기 자신을 섬기게 하는 관계보다 더욱 강한 관계를, 예수와 나누는 우애라는 새로운 관계를 창조합니다. 바울은 이렇게 예수와 관계를 맺게 되어 거듭난 이들을 두고 "새로운 피조물"이라 말했습니다. 예수와 함께, 예수 안에서, 예수를 통해 우리는 새롭게 시작할 수 있게 되었습니다.

어떻게 해서 이러한 일이 일어나는지 정확하게 말하기란 어렵습니다. 그리스도교인들도 그것을 잘 압니다. 어떤 이들은 우리가 죄로 인해 받아야 할 벌을 예수가 대신 받아 이러한 일을 이루었다고 말했고, 어떤 이들은 예수가 자신을 희생 제물로 내놓아 이를 이루었다고 말했습니다. 어떤 이들은 예수가 사탄을 물리치고 죄의 감옥에 갇힌 우리를 자유롭게 해주었다고 설명하기도 했습니다. 이를 설명하는 방식에 단 하나의 정답이 있는 것 같지는 않습니다. 중요한 것은 예수의 삶 안에서, 예수의 삶을 통해 하느님의 사랑, 그 완전한 사랑이 이 세상을 꿰뚫고 들어왔다는 것입니다. 이제껏 마주해 본 적이 없는 사랑이 그러한 사랑을 할 수 있는 자유를 잃은 인류에게로 왔다고 그리스도교인들은 고백합니다. 예수의 죽음은 인류를 향한 사랑의 활동이었으며 (복음서에서 기술하듯) 악한 세력에게 우리 대신 값을 치른 것이었다고, 그가 첫 번째 인류가 저지른 죄의 결과에서 인류를 해방했다고 그들은 말합니다. 어느 오래된 성가의 표현을 빌리면 그는 "모든 성도들에게 하늘나라 문을 열어" 줍니다.*

하느님께서는 예수를 죽음에서 살리셨고, 살아난 예수는 다시금 자신을 따르던 이들을 만났습니다. 이제 예수는 과거에 살았던 한 사람이 아닙니다. 그는 여전히 살아있으며 영원히 살아있습니다. 이 땅에서 활동할 때 그랬듯 그는 자신의 곁으로 사람들을 부릅니다. 그렇게 날마다 그와 교제를 나누는 공동체를 창조해 우리가 이전과는 다른 삶, 하느님과 조화를 이루는 삶을 살도록 합니다. 그러한 삶을 살아갈 가능성을 엽니다. 성서에 나오는 표현을 빌자면 예수는 자신을 따르는 이들에게 성령의 능력을 불어 넣어서 그들이 하느님

---

* 라틴어 성가로 '하느님 찬미 송가(당신은 하느님)'라고도 불리는 《테 데 움》Te Deum에 나오는 표현이다.

을 향하게, 그분을 향한 길로 자신을 돌이키게 합니다. 복음서에 따르면 예수가 죽음에서 부활한 때는 "주간의 첫날"이었습니다. 그렇기에 그리스도교인들은 언제나 일요일을 특별한 날로, (여러 그리스도교 축제 중에서도) 부활절을 가장 큰 축제로 여깁니다.

성령을 받는다 해도 우리에게는 여전히 선한 것을 택할 수 있는 자유, 또 이를 거스를 수 있는 자유가 있음을 그리스도교인은 부정하지 않습니다. 그러나 성령이 우리를 도우십니다. 그리스도교인은 예수와 교제를 나눔으로써 성령이 우리를 돕는다는 것을 압니다. 성령은 유혹에 저항할 힘과 거짓을 식별할 수 있는 지혜를 줍니다. 분명 우리는 또 실패할 것입니다. 자주 뒷걸음질할 것입니다. 그러나 사랑의 하느님께서는 이러한 우리를 용서하신다는 것을, 우리에게 다시금 그분을 섬길 기회를 주신다는 것을, 우리가 예수의 삶을 본으로 삼고 그렇게 살기 위해 애쓰게 하시리라는 것을, 우리 마음에 자유와 사랑을 심으시고 피어나게 하셔서 우리의 모든 말과 행동이 변화되도록 해주시리라는 것 또한 압니다. 하느님의 자비를 구하고 그분의 자비에 기댄다고 해서 우리가 온 힘을 기울여 그분을 섬겨야 할 의무를 면제받는 것은 아닙니다. 하느님의 은총이 있기에, 우리가 그분을 신뢰하는 한 하느님께서는 당신의 은총으로 우리에게 늘 새로운 기회를 주신다고 그리스도교인들은 확신합니다.

성서: 기록된 하느님의 말씀

하느님께서 역사 속에서 어떻게 활동하시며 당신을 드러내시는지를 다룬 이야기를 보기 위해 그리스도교인은 성서를 읽습니다. 성서는 유대인들의 경전(흔히 그리스도교에서는 '구약'이라고 부릅니다)과 초기 그리스도교인들의 기록(신약)으로 이루어져 있습니다. 역사가 시작되면서부터 인류는 쓰라린 실패를 겪었고 하느님께서는 그 결과에서 인간을 자유롭게 해주시려고 아브라함을 부르셨습니다. 하느님은 아브라함에게 당신의 목적을 알리셨고 그를 당신 곁에 머무를 믿음의 백성의 조상으로 삼으셨습니다. 후에 그분은 모세라는 지도자를 통해 자신의 백성을 이집트에서 구해 내셨으며 은총과 정의로 공동체를 빚어가도록 법체계를 세워주셨습니다. 이어지는 긴긴 역사 동안 하느님의 백성은 끊임없이 하느님의 용서와 심판을 경험합니다. 그리고 마침내 하느님께서는 예수를 이 땅에 보내셨습니다. 예수는 그분의 말씀이자, 그분의 선물이었습니다. 예수를 통해 그분은 이 땅에서 활동하셨으며 우리와 함께하십니다. 이제 그분은 예수를 통해 한 민족이 아닌 모든 민족 중에 당신을 따르는 모든 이의 공동체를, 신약성서의 표현을 빌리면 "모든 나라와 민족과 백성과 언어에서 나온 이"(묵시 7:9)들을 부르십니다.

성서에는 매우 다양한 인물이 등장합니다. 꾸란과 달리 성서는 단기간에, 한 사람이 받은 내용을 기록한 문서가 아닙니다. 물론 그리스도교인들은 성서가 하느님에 대해, 그분의 뜻과 본성에 대해 한목소리로 이야기한다고 믿습니다. 그러나 이 목소리는 익숙한 비유대로 서로 다른 목소리와 악기들이 한데 어울려 퍼지는 교향곡과 같습니다. 성서를 이루는 다양한 악기와 소리는 하나로 엮이면서 하나의 이야기, 하나의 메시지를 전달합니다. 이 이야기의 절정에는 예수가 있습니다. 성서에는 때로 이해하기 어려운 부분도 있고 서로 충돌하는 것처럼 보이는 부분들도 있습니다. 성서가 수 천 년에 걸쳐 쓰인 책임을 기억한다면 그리 놀라운 일은 아닙니다. 그러나 2천 년에 걸쳐 그리스도교인들은 성서에 쓰인 내용을 논의하고 숙고하면서 그 안에 언제나 깊은 통일성이 있음을 발견했습니다. 모든 그리스도교인은 성서라는 그림의 중심에 예수의 삶이 있으며 이를 중심으로 나머지 내용을 이해할 수 있다는 데 동의합니다.

유대교와 그리스도교 전통은 성서를 여는 첫 다섯 권을

'모세오경'이라고 부릅니다. 모세오경은 천지창조, 대홍수, 아브라함과 그의 가족들에 관한 역사, 이스라엘 백성이 이집트를 탈출한 사건과 모세가 율법을 받은 일을 기록합니다. 이후 구약성서는 역사적 연대기, 시편, 잠언, 불의하고 타락한 이스라엘을 향한 심판과 하느님께 다시 돌아오면 회복되리라는 약속을 선포하는 예언자들의 책, 바빌론의 포로가 되었다가 귀환한 이스라엘 백성에 관한 이야기를 담은 몇 권의 책으로 이어집니다.

신약성서를 여는 네 권의 책은 모두 예수에 관한 이야기를 전합니다. 이 네 권의 책은 복음서라고 불리며, 여기서 '복음'이란 '기쁜 소식', '복된 소식'을 뜻합니다. 이후 예수에 대한 신앙이 퍼져나가는 이야기를 기록한 사도행전이 나오고 믿음, 행동과 관련한 여러 문제에 대한 조언을 담은 바울, 베드로, 요한, 야고보, 유다의 '편지'letter 혹은 '서신'Epistle이 이어서 등장합니다. 요한 묵시록은 세상의 마지막 날에 대한 비전과 모든 사람을 심판하러 영광 중에 오는 예수에 관해 이야기합니다.

그리스도교인들은 성서가 하느님의 영감으로 쓰였다고 믿습니다. 또한 성령의 도움으로 성서 본문이 구성되었다고 믿으며, 예배 중에, 기도드리며 함께 성서를 읽을 때 하느님의 뜻을 온전히 알 수 있다고 믿습니다. 어떤 그리스도교인들은 성서가 하느님의 영감으로 쓰였다는 말을 성서에 나오는 구절들이 사실이라는 측면에서 결코 오류가 없음을 뜻하는 것으로 받아들이기도 합니다. 그러나 어떤 이들은 성서가 최종적인 권위를 갖고 있다는 것에 동의하면서도 그러한 이해가 오히려 성서의 초점을 오해하는 것이라고 생각합니다. 그들은 성서를 모든 것에 관한 백과사전적인 정보를 전달하기 위한 책이 아닌, 하느님께서 어떤 분인지, 어떤 삶이 좋은 삶인지, 어떻게 살아야 진실로 풍요롭게 살 수 있는지를 깨달을 수 있도록 돕는 신뢰할 만한 인도자라고 봅니다. 이러한 맥락에서는 성서 기록이 모두 사실에 부합할 필요는 없습니다. 평범한 인간이 성서를 썼다면 그다지 중요하지 않은 사실, 날짜, 인명, 이야기, 지명에 관해 실수할 수 있으니 말이지요. 그리스도교인들은 성서가 하느님의 영감으로 쓰였다고 해서 저자들이 하느님께서 불러주시는 내용을 그대로 받아썼다고 생각하지는 않습니다. 하느님께서는 성서 저자들과 함께, 그들을 통해 당신의 목적을 전하셨습니다. 그렇기에 성서는 우리가 저지르는 실수와 죄에 메이지 않고 그분께서 하시는 말씀을 온전히 드러냅니다.

그리스도교인들은 성서 본문을 연구하고 본문이 어떻게

형성되었는지를 밝히는 데 많은 노력을 기울이고 있습니다. 또한 성서의 역사적 신뢰도를 뒷받침하는 최선의 증거들을 수집하고 초기 사본들을 발굴하는데도 적지 않은 노력을 기울이고 있습니다(그 과정에서 예수 사후 100년도 안 된 시기에 기록된 요한 복음서 양피지 일부가 발견되었습니다). 이러한 탐구를 통해 도출된 결과들로 인해 성서의 모든 세부 기록이 사실이라고 주장하는 이들은 불편함을 느끼기도 합니다. 그러나 대다수 그리스도교인은 이러한 연구 결과들을 통해 성서가 다양한 목소리 가운데 하나의 이야기를 전하는 책임을 확증한다고 여깁니다.

전체 이야기의 흐름을 염두에 둘 때 예수의 첫 번째 제자들과 친구들이 기록한 신약성서는 구약성서 없이 올바르게 이해할 수 없습니다. 예수는 하느님의 백성을 재건하고자 애썼습니다. 고대 예언자들이 이스라엘을 향해 그랬듯이 말입니다. 하지만 그는 고대 예언자들과 달리, '하느님 백성'의 범위를 모든 민족에게로 확장했습니다. 이스라엘 백성과 계약을 맺으시고 동맹을 맺으셨던 하느님께서 이제 예수의 말과 행동을 통해 당신을 신뢰하는 모든 이와 계약을 맺으시고 동맹을 맺으신 것입니다.

그리스도교 역사에서 교사들과 학자들은 성서를 읽으며

때때로 성서 본문의 표면에서 발견되는 의미 너머에 있는 상징적 의미를 발견했습니다. 성령이 성서 저술에 관여했다면 어쩌면 당연한 일입니다. 그러나 그리스도교의 어떤 교리도 상징적인 의미만을 갖지는 않습니다. 사목자들이나 교사들은 예배 중에 성서 본문의 통일성과 조화로움을 교인들이 이해할 수 있도록, 그리고 성서가 궁극적으로 전하는 기쁜 소식에 합당한 삶을 살도록 독려하기 위해 설교를 합니다. 이는 그들의 핵심 소명이라고도 할 수 있습니다.

성사: 세례와 성찬례

그리스도교의 모든 공적 예배는 다른 무엇보다도 하느님을 향한 감사를 표현하는 것입니다. 그리스도교인들은 예배를 통해 하느님께서 성령을 보내 주셔서, '기름 부음 받은 왕'(그리스도란 바로 이러한 뜻을 갖고 있습니다) 예수의 힘과 사랑에 기대어 살아갈 수 있게 해주신 것에 감사를 드립니다. 이 예배를 온전히 향유하기 위해서는 세례를 받아야 합니다. 세례란 본래 물에 잠긴다는 뜻입니다. 그리스도교 가르침에 따르면 성부와 성자와 성령의 이름으로 세례받는 이에게 물이 부어질 때, 그의 옛 삶(불순종에 매인 노예로 살던 삶)은 종지부를 찍고 성령으로 사는 새로운 삶이 시작됩니다. 그리스도교 초

창기에는 세례가 예수를 믿는다고 고백하는 성인만을 대상으로 이루어졌습니다. 그러나 그리스도교 공동체가 성장하고 더 널리 퍼져나가면서 부모가 자녀들이 예수를 믿도록 하려고 그들을 공동체가 모이는 자리에 데려갔고 이내 아이들이 세례를 받는 일이 흔해졌습니다. 또한 많은 교회에서는 '견진'confirmation이라는 예식을 합니다. 견진은 주교가 하는 예식으로 기본적으로 세례를 통해 일어난 일을 완성한다는, 혹은 세례가 한 일을 '봉한다'는 의미가 있지만, 이것이 정확히 무엇을 뜻하는지에 관해서는 무수히 많은 가르침이 있는 것이 사실입니다.

모든 그리스도교 공동체에서는 빵과 포도주를 나누는 의례를 중시합니다. 이 의례는 성찬이라 부르기도 하고, 감사 성찬례라고 부르기도 하며, 성체성사, 혹은 미사(이 말은 라틴어에서 유래했고 사람들을 '보내다', 혹은 '파송하다'라는 뜻입니다)라고 부르기도 합니다. 이 의례를 매일 행하는 교회도 있으며, 대다수 교회는 적어도 일주일에 한 번은 이 예식을 행합니다. 성찬은 예수가 십자가에 달리기 전날 제자들과 마지막 저녁 식사를 나눈 것에 기원을 두고 있습니다. 그 자리에서 예수는 빵과 포도주를 축성한 다음 그 음식이 자신의 '몸과 피'라고 선언했습니다.

빵과 포도주를 자신의 몸과 피라고 한 것은 당혹스럽고 기이해 보이기도 합니다. 예수가 왜 이렇게 말했는지를 이해하기 위해서는 성서의 전체 맥락을 알아야 합니다. 고대 이스라엘 예언자들은 하느님께서 무언가를 하려 하실 때, 이제 막 일어날 일을 예언할 때 이를 상징적인 행동을 통해 표현했습니다. 이런 맥락에서 예수 또한 저녁 식사 자리에서 빵을 떼고 포도주를 나누며 빵이 부서져 사람들에게 먹히듯 자신의 몸이 수난을 받을 것을, 포도주가 쏟아지듯 피를 쏟게 될 것을 제자들에게 알려준 것입니다. 하지만 이러한 예수의 수난을 통해 인간은 노예 상태에서 벗어나 자유를 얻을 것입니다. 하느님께서 그렇게 하실 것입니다. 예수가 감내한 고통은 그의 친구를 위한 빵과 음료가 되어 우리에게 생명과 힘을 줄 것입니다. 그의 이름으로 빵과 포도주를 축성하고 빵과 포도주를 나누는 것은 곧 그의 몸과 피를 나누는 것이어서, 그로 인해 받은 새로운 생명은 먹고 마신 이들을 새롭게 할 것입니다. 하느님의 힘과 성령이 한 인간이었던 예수의 몸과 피에 임해 이를 하느님께서 활동하시는 장소로 삼으셨듯이, 그리스도교인들은 예수를 기억하며 빵과 포도주를 나눌 때 예수에게 임했던 성령이 자신들에게도 임하여 자신들을 하느님께서 활동하시는 장소로 삼으신다고 믿습니다.

이 같은 믿음을 중심에 두고 다양한 개념과 모습이 한데 모입니다. 성찬은 그리스도교 판 유월절 식사(유대교에서 유대인들이 이집트 노예 생활에서 해방된 일을 기억하며 먹는 식사)라고 할 수 있습니다. 한편 성찬은 이스라엘 백성이 평화를 이루기 위해 하느님께 화목 제사를 드린 후 희생 제물을 먹던 식사를 연상시키기도 하고, 하느님께서 죄인과 소외된 이를 환대하며 그들을 용서하심을 드러내는, 예수가 그들과 나눈 식사를 연상시키기도 합니다. 부활한 예수가 제자들과 음식을 나누어 먹던 장면도 연상되지요. 성찬은 기도가 필요한 모든 이를 위한 기도의 자리기도 합니다. 성찬례에 참여하는 순간 그리스도교인들은 예수 곁에 서게 되며, 그 시간 그들은 예수가 드린 기도를 기도하기 때문입니다. 많은 그리스도교인은 성찬례 시간을 두고 '이 땅에서 하늘을 사는 시간'이라 말하곤 했습니다. 이 시간 그리스도교인들은 예수를 향해 최대한 가까이 다가가, 그와 함께, 그가 드렸던 기도를 드리며, 그의 생명을 받습니다. 많은 기도문은 그리스도교인들이 성찬례에 참여할 때 그들 곁에는 천사들, 앞서간 성도들도 함께 하느님을 찬미하고 있다고 이야기합니다. 그리스도교인들은 하느님의 백성으로서 성찬을 통해 산 사람과 죽은 사람을 아우르는 동맹, 땅과 하늘에서 하느님을 찬미하는 모임에 참여합니다.

그리스도교인의 삶: 사랑, 정의, 기도

예수는 마지막 식사를 하며 제자들에게 그들이 서로 사랑하는 모습이 자신과 하늘 아버지가 나누는 사랑을 보여주는 징표가 될 것이라고 선언했습니다. 성부와 성자 예수 사이에 오가는 사랑은 어느 두 사람 간에 이루어지는 사랑에 견줄 수 없을 만큼 무한하고 강력한 사랑입니다. 그리스도교인들은 언제나 세상에 이러한 사랑을 보여주고자 합니다. 이때 사랑은 그저 상대를 향해 품는 따스한 감정이 아닙니다. 차라리 사랑은 하느님께서 자신의 피조물인 인간을 바라보시는 시선을 몸에 익히는 훈련에 가깝습니다. 이러한 사랑은 기꺼이 상처를 용서하며 자기의 self-righteous를 내세우지 않습니다. 사랑은 타인의 온전한 인간성을 회복하기 위해, 타인을 치유하기 위해 자신이 가진 모든 것을 기꺼이 내어놓는 것입니다. 그렇기에 사랑은 정의롭습니다. 이러한 사랑을 하기 위해서는 모든 이를 하느님의 피조물로 동등하게 대하며 존중하고, 섬김받을만한 가치가 있는 이로 여겨야 하기 때문입니다. 그리스도교가 말하는 사랑이 부드럽고 희미하며, 약하다고 여기는 이들도 있습니다만 정의가 없는 사랑은 아무것도 아닙니다. 우리에게 있는 자원을 너그럽게 나누는 것(이는 한 사람이 자신이 받은 선물(재능, 재산, 영향력)을 나누는 것일 수도 있고, 공동체 혹은 사회적인 돌봄일 수도 있습니다)은 그리스도교인이라면 반드시 해야 할 일입니다. 역사 속에서 너무나 많은 그리스도교 국가들이 자국의 가난, 세계의 가난을 멈추기 위한 노력을 포기한 것은 그리스도교인으로서 수치스러운 일입니다.

그리스도교인의 사랑은 신실한 사랑이며 그래야만 합니다. 그리스도교인으로서 우리는 이 세계를 하느님께서 창조하셨다는 고백 아래 서로에게 헌신하며 이웃을 섬기고 정의를 실천해야만 합니다. 순간순간 일어나는 감정을 따라 사랑해서는 안 됩니다. 이 원칙은 우리가 맺는 인간관계에도 적용됩니다. 이러한 맥락에서 그리스도교인들에게 결혼은 하느님의 약속이 어떤 것인지를 드러내는 징표입니다. 그렇기에 결혼 생활이 때로는 실패해서, 때로는 부당한 일로 인해, 학대를 당해, 이혼이 불가피한 관계들이 있다는 것을 인정하면서도 그리스도교에서는 이혼을 흔쾌히 허락하지는 않습니다. 같은 맥락에서 그리스도교인들은 성적 관계는 공적으로 서로에 대한 사랑의 헌신을 서약한 다음 이루어져야 한다고 생각합니다. 또한 신실한 사랑이라는 원칙은 그리스도교가 하느님을 따르는 정의롭고 선량한 삶을 가르침과 동시에 그러한 삶에서 아이를 돌보는 일을 매우 중요한 일로 여기게 합니다. 결혼 생활에서 일어나는 긴장, 서로에 대한 불성실함, 방치, 학대는 비단 상대뿐 아니라 둘 사이에서 태어난 아이에게도 커다란 영향을 미칩니다. 그리스도교인들은 이러한 비극적이고 파괴적인 일이 일어나지 않도록 신실한 사랑을 해야 한다는 것에 모두 공감합니다.

그리스도교는 분명 용서를 매우 커다란 가치를 담고 있는 것으로 보지만, 누군가 어떤 죄를 지으면 합법적인 권위를 따라, 그에 합당한 벌을 받아야 한다는 생각에 반대하지는 않습니다. 공정한 처벌과 판결이라면 비그리스도교적 권위라 해도 그리스도교인들은 받아들입니다. 하지만 전쟁에 참여하는 일에 관해서는 긴긴 그리스도교 역사 속에서도 서로 다른 태도가 공존해 왔습니다. 대다수 그리스도교인은 조심스럽게 특정한 상황에서는 참전이 정당화될 수 있다는 생각에 동의합니다. 적이 먼저 공격을 해와 가족을 지켜야 하는 경우, 혹은 갈등을 해소할 수 있는 대안이 전쟁 외에는 없는 경우에는 무고한 이들이 죽거나 다쳐서는 안 된다는 조건 아래 전쟁에 참여할 수 있다는 생각입니다. 그러나 그리스도교 전통에는 그러한 특수한 상황에서조차 참전을 유보하는 입장을 택해야 한다는 목소리가 늘 있었으며 이를 뒷받침하는 이야기들도 상당수 있습니다. 복음서에서 예수는 누구를 향한 폭력이든 정당방위에 속하는 방어적 성격의 폭력까지를 포함한 모든 폭력을 반대했습니다. 이와 달리 바울은 악인을 제어해야 할 경우 통치자가 무력을 사용하는 것을 어느 정도 허용하는 것처럼 보입니다. 어떠한 견해를 받아들이든 간에, 위협적이고 부당한 상황에서 불가피하게 폭력을 쓸 수밖에 없다 할지라도 그리스도교인들에게 폭력이란 언제나 차선, 혹은 차악입니다. 대다수 그리스도교인은 과거 십자군 전쟁이나 16~17세기 유럽에서 일어난 종교 전쟁이 그리스도교 신앙을 심각하게 배반한, 그리스도교 신앙에서 벗어난 전쟁이었다고 생각합니다. 그렇기에 오늘날 다시 한번 십자군을 일으키려는 시도나 어떠한 '성전'holy war에 관한 논의들도 대다수 신자에게 별다른 지지를 받지는 못합니다.

마지막으로 그리스도교인들이 하는 또 다른 종류의 기도에 관해 살펴보겠습니다. 공적 예배 중에 기도가 뜻하는 바에 대해서는 앞에서 살핀 바 있습니다. 물론 그리스도교인들은 홀로 기도하는 시간도 갖습니다. 삶의 고됨을 토로하고, 죄에 대하여 용서를 구하고, 받은 축복에 감사하기 위해 그리스도교인들은 기도합니다. 적어도 3세기 이래 많은 그리스도교인은 다양한 기도법을 고안했습니다. 그중에 대표적인 기도는 '침묵'silent과 '관상'contemplation입니다. 하느님의 생명이 자기 안에 더 자유롭게 들어와 퍼지게 하고자, 자신의 삶을 하느님의 삶에 투명하게 연결하고자, 몸과 정신을 잠잠케 하고자 그리스도교인들은 자기 자신을 단련했습니다.

수도원 전통은 침묵과 하느님을 향한 경배로 가득한 삶이 이루어질 수 있는 배경을 형성했습니다. 그리스도교인 중어떤 이들은 수도자로 부름을 받습니다. 이들은 자발적으로 결혼을 하지 않고 재산을 소유하지 않으며 공동체의 규율에 복종하며 살아갑니다. 이처럼 이타적이고 자신을 내려놓는 환경은 '침묵 기도를 통한 안식'(많은 이가 그렇게 불렀습니다)으로 들어가기에 좋은 준비가 됩니다. 이들 중에는 침묵을 향한 이러한 여정이 얼마나 고통스러운지에 대해 다양한 기록을 남긴 이들도 있었습니다. 기도를 하며 깊은 관조의 단계에 이른 그리스도교인들은 종종 하느님께서 우리와 함께하실 때, 역설적으로 겪게 되는 짙은 '어둠'dark에 관해 이야기합니다. 이는 그분이 우리와 함께하지 않으시거나 혹은 우리와 소통하기를 원하지 않으신다는 뜻이 아닙니다. 이는 우리의 정신과 마음이 그분이 온전히 들어 오시기에는 너무 작은 탓에 그분에게 도전받고, 그분에게 압도되는 시간을 지날 수밖에 없음을 가리킵니다. 이러한 과정을 통해 하느님께서는 우리가 만들어낸 그분에 관한 신념, 그분에 관한 상像을 정화하시고 우리에게 익숙했던 사고와 느낌을 새롭게 버려내십니다. 그리고 이는 어둠과 침묵 속에 오래도록 남겨졌던, 예수가 걸어간 고난의 길과 연결되어 있습니다. 물론 기도의 여정에는 이러한 어둠의 순간뿐만 아니라 빛으로 가득한 순간도 있습니다. 수도자들은 예수의 얼굴에서 빛이 흘러나왔듯 친구 된 예수가 우리와 함께할 때 기도하는 우리의 얼굴에서도 빛이 흘러나온다고 이야기합니다.

즉 그리스도교인들은 하느님의 성령이 주는 은총 아래 하느님의 영광을 보게 되기를, 예수의 얼굴에서 흘러나오는 그 영광의 빛을 보게 되기를, 아버지와 하나가 되어 그분과 영원히 헤어지지 않아도 될 그 날이 오기를 소망하며 기도합니다. 그리스도교를 유심히 관찰한다면 그리스도교인들이 모여 드리는 모든 예배는 궁극적으로 이를 향하고 있음을 알게될 것입니다. 그리스도교인들은 성령이 주는 선물, 예수 안에서 살아 움직이던 생명이 한 사람 한 사람의 삶에서도 살아 움직이기를 간구합니다. 그리고 그 생명이 자신들을 통해온 세상에 치유와 평화를 가져다주기를 기도합니다.

02

—

신앙이란 무엇인가?

그웬 래버랏Gwen Raverat의 책 『시대물: 케임브리지에서의 어린 시절』Period Piece: A Cambridge childhood은 케임브리지 지역과 문화를 다룬 작품 중에서도 고전으로 꼽히는 책입니다. 이 자서전에는 고약한 괴벽을 지닌 가족 구성원들이 여럿 등장하는데, 삼촌은 그중에서도 독특한 인물입니다. 그는 자신이 외출한 사이에 가구가 스스로 움직여 자리를 옮긴다고 확신한 나머지 그 모습을 포착해내려 전전긍긍합니다. 이러한 모습은 케임브리지 사람들이 보이는 괴벽의 한 형태로 간주됩니다만, 몇몇 독자들은 이런 모습에 다소 공감할지도 모르겠습니다. 어린 시절 누구나 한 번쯤은 그런 생각을 하지 않나요? 자기가 방을 비운 사이 방에 있던 물건들이 움직여 자리를 바꾼 것 같다는 의심과 상상에 사로잡힌 적이 있지 않습니까? 내가 안보는 새 물건들이 움직이지 않고 그 자리에 그대로 있을지 어떨지 궁금해 본 적은 없나요?

이 같은 질문 즉 어쩌면 우리 눈에 보이는 것이 전부가 아닐지 모른다는, 우리의 지성으로는 진리를 완전히 가늠할 수 없다는 생각은 우리를 혼란스럽게 합니다. 이로 인해 우리는 때로 좌절하고, 또 때로는 그러한 생각에 사로잡힙니다. 인생에는 분명 그러한 면이, 우리가 다 파악할 수 없는 무언가가 있습니다. 이 장에서는 이 부분부터 이야기를 시작해 보겠습니다. 큰 슬픔이나 기쁨을 느낄 때, 그러한 일을 경험할 때, 그 속에서 우리의 일상, 일상에 젖어있던 우리의 생각은 뒤흔들립니다. 그러한 흔들림 속에서 우리는 자신도 모르게, 누구에게 무엇을 감사해야 하는지도 모른 채 되뇝니다. "감사합니다."

일상이 뒤흔들릴 때, 우리는 무언가를 감지하게 됩니다만, 그것을 무엇이라 불러야 할지, 어떻게 대해야 할지는 모릅니다. 이러한 혼란은 『시대물』 속 삼촌의 괴벽과 유사한 측면이 있습니다(물론 우리는 대부분 그처럼 기이한 확신에 사로잡히지는 않습니다). 어쩌면 이 세계는 '내'가 생각해온 세상, 혼히 사람들이 생각하는 세상, '내'가 길들일 수 있는 세상이 아닐지도 모른다는, 내 머리로 이 세계의 모든 것을 가늠할 수는 없을지도 모른다는 예감이라는 면에서 그렇습니다. 종교적 감정, 종교적 깨달음이란 이처럼 인간의 한계, 즉 인간의 유한함 및 연약함에 대한 통찰에 기반을 두고 있습니다. 종교는 우리에게 우리가 '중심'이 아님을, '중심'이 되어야 할 필요도 없음을, 인간인 우리는 모든 것을 조망할 수 있는 시각을 가질 수는 없음을 알려줍니다. 우리는 모든 현실을 파악하고 경험할 수도, 내 정신, 내 마음, 내 안에 있는 빛으로 모든 것을 헤아리고 감싸고 밝힐 수도 없습니다. 그러지 않아도 됩니다. 종교는 '나'가 만물의 중심이 아니라 보다 거대한, 풍요로운 망의 일부임을, 타인과 함께 어우러져 형성되어 가는 작품의 일부임을 가르쳐 줍니다.

종교의 응답은 두 가지로 나뉩니다. 하나는 건강한 응답이며 다른 하나는 해로운 응답입니다. 건강한 응답은 우리를 신앙으로 이끌고 해로운 응답은 우리를 끔찍한 종교로 이끕니다. 모든 것이 '나' 하기에 달렸고, 결국 '나'가 만물의 중심이며 모든 한계는 '나'의 힘으로 극복할 수 있다는 생각을 포장하는 데 종교가 사용될 때, 그 종교는 끔찍한 종교가 됩니다. 절대적인 진리, 분명한 진실에 접근하는 권한이 '나'에게 있다고 믿게 하는(혹은 '나'만이 접근할 수 있다고 믿게 하는), 이 세상에 대한, 그리고 타인과 나 자신에 대한 '나'의 관점이 공평하며 옳다고 믿게 하는, 그리하여 이 세계가 진정 어떤 곳인지를 다 안다고 믿게 하는, 더는 배울 것이 없다고 믿게 하는 종교란 끔찍한 종교일 뿐 아니라 해로운 신념입니다. 이러한 신념을 가진 이는 설사 스스로는 자신을 무신론자라 부르더라도 실제로는 하나의 해로운 종교적 사고에 사로잡혀 있을 뿐입니다. 나쁜 종교는 인간이 자신이 던지는 모든 물음에 스스로 답할 수 있으며, 우리의 모든 한계를 스스로 극복할 수 있다고 믿게 만듭니다. 그러나 이는 진실이 아닐뿐더러 사실도 아닙니다. 종교가 참된 현실, 실재를 보지 못하게 할 때 그 종교는 끔찍해지며 나쁜 종교는 이를 의도적으로 추구합니다.

표면 너머를 보기

무엇이 참된 종교인가, 건강한 종교인가의 여부는 그 종교가 실재, 현실에 눈을 감게 하는가 아닌가에 달려 있다고 저는 생각합니다. 참된 종교는 그 종교에 헌신할 때 나쁜 종교와는 달리 그 종교를 받아들이는 이의 눈을 열어 주고, 기존에 알던 세계보다 더 큰 세계, 그렇기에 어쩌면 그동안 알고 있던 세계보다 더 두려운 세계를 열어 보입니다. 그리고 여기에 자신을 열 때 신앙은 충만한 신앙, 믿는 이에게 생명력을 불어넣는 신앙이 됩니다. 참된 신앙을 가늠하는 시금석은 그 신앙이 우리의 눈을 열어 실재와 현실을 보게 하느냐, 아니면 현실을 부인하게, 받아들이지 않게, 현실에 눈감게 만드느냐에 달려 있습니다.

친구 중에 브로드무어 병원에서 26년간 재직 중인 임상 심리학자가 있습니다. 열광적인 셰익스피어 팬인 그는 셰익스피어가 남긴 문장 중 『폭풍우』The Tempest에서 프로스페로가 미란다에게 던진 물음을 가장 좋아한다고 합니다.

또 무엇이 보이는가? 그 어두운 과거와 시간의 심연 속에?*

그는 이 문장을 통해 심리학자로서 자신이 해야 할 일을 상기하게 된다고 했습니다. 참혹하고 비극적인 상황을 마주할 때, 심각하게 정신이 불안정하고 자신이 만들어낸 환상 속에 스스로 갇혀 있는 이들을 만날 때, 그는 반복해서 자신에게 묻는다고 합니다. '또 무엇이 보이는가, 저 어두운 과거와 시

---

* 『폭풍우』 1막 2장에서 프로스페로가 하는 대사. 『폭풍우』(아침이슬)

간의 심연 속에?', '무엇을 더 보아야 하는가? 그 밖에 또 무엇이 보이는가?', '더 보아야 할 게 무엇인가?'

이 같은 맥락에서 종교적 믿음, 그리스도교에서 이야기하는 신앙은 '더 보게' 해주는 것과 연관되어 있습니다. 신앙이란 두 눈만으로는 온전히 볼 수 없는 세계를 보는 것, 온 인류의 눈을 합친다 하더라도 다 볼 수 없는 세계를 보게 하는 것, 측량할 수 없는 깊이, 기이하면서 헤아릴 수 없는 이 세계를 보는 것입니다. 이 지점에서 종교적 신앙은 예술과 만납니다. 창조적인 과학 또한 이 지점에서 신앙과 만난다고 할 수 있습니다. 이 세계에는 보이지 않는, 내가 외면해 온 무엇이 있다는 깨달음과 이제 감은 눈을 떠야 한다는 확신이 창조적인 과학의 시작점입니다. 내가 갖고 있는 상像, 내가 경험한 순간이 이 세상의 전부가 아니며 무언가 그 이상이 존재한다는 감각에 예술(시, 조각, 그림, 극 모두)은 뿌리내리고 있습니다.

그러니 참된 종교란 우리에게 보는 법, 우리의 열망이 향해야 할 곳을 가르치는 일련의 과정이라고도 할 수 있습니다. 눈에 보이지 않는 것을 보는 법, 표면 너머 이면을 보는 법, 기이하고도 신비로운 순간을 마주할 때 혼란에 빠지지 않는 법, 우리를 가치 있게 해주는 모든 것을 거부하거나 회피하지 않은 채 받아들이는 법, 진실로 인간답게, 인격체로 성장하는 법을 참된 종교는 가르쳐 줍니다.

결국 신앙하는 삶이란 더 큰 세상을 사는 것입니다. 오늘날 사람들은 종교적 신앙이 우리를 더 협소한 세계로 이끌고, 인간을 협소하게 만든다고 여기곤 합니다만 그렇지 않습니다. 그것은 잘못된 이해입니다. 신앙으로 살아가려 애쓰는 이들은 신앙이 우리를 헤아릴 수 없이 거대한 세계로 이끈다고 고백합니다. 역사책에 종종 등장하는 16세기 목판화 한 점이 있습니다. 판화 속에는 한 사람이 하늘을 향해 머리를 대고 있습니다. 그가 머리를 대고 있는 얇은, 작은 하늘에는 작은 별들이 한가득 있습니다. 그러다 하늘이 열립니다. 그가 그 열린 틈 사이로 머리를 밀어 넣는 순간 이전까지는 본 적이 없는, 기이한 별들로 가득한 또 다른 하늘이 눈 앞에 펼쳐집니다. 이 목판화는 대게 16세기 르네상스가 열어젖힌 세계, 당시 사람들이 미처 생각하지 못한 거대한 세계를 마주했을 때 무엇을 느꼈을지를 보여주는 그림으로 활용되곤 했습니다. 새 시대의 지식인들이 전통적인 그리스도교와 종교적인 권위에 저항하는 모습을 상징하는 그림으로 쓰이기도 했지요. 그러나 실제로 이 그림은 참된 신앙이 무엇인지를, 전통적인 종교에서 제시하는 훈련을 할 때 우리에게 일어나는 일이 무엇인지를 보여줍니다. 신앙이란 우리가 알고 있는 하늘, 우리의 생각을 따라 매끈하게 채색된 하늘을 열어젖혀 이제껏 본 적이 없는 하늘, 기이하고 낯선 별들로 가득한 하늘을 향하게 합니다.

복음의 빛

그리스도교 신앙을 갖는다면 '새롭게 하늘을 보는 일'이 어떻게 일어날까요? 오늘날에도 여전히 그리스도교를 진지하게 고려해야 할 이유가 있다면 그것은 무엇일까요? 조금은 철학적이었던 이야기를 멈추고 지금부터는 요한 복음서를 살펴보려 합니다. 요한 복음서 9장에는 예수가 눈먼 사람을 고치는 이야기가 나옵니다.

예수께서 길을 가시다가 태어나면서부터 눈먼 소경을 만나셨는데 제자들이 예수께 "선생님, 저 사람이 소경으로 태어난 것은 누구의 죄입니까? 자기 죄입니까? 그 부모의 죄입니까?" 하고 물었다. 예수께서는 이렇게 대답하셨다. "자기 죄 탓도 아니고 부모의 죄 탓도 아니다. 다만 저 사람에게서 하느님의 놀라운 일을 드러내기 위한 것이다. 우리는 해가 있는 동안에 나를 보내신 분의 일을 해야 한다. 이제 밤이

올 터인데 그때는 아무도 일을 할 수가 없다. 내가 이 세상에 있는 동안은 내가 세상의 빛이다."

이 말씀을 하시고 예수께서는 땅에 침을 뱉어 흙을 개어서 소경의 눈에 바르신 다음, "실로암 연못으로 가서 씻어라" 하고 말씀하셨다. (실로암은 '파견된 자'라는 뜻이다) 소경은 가서 얼굴을 씻고 눈이 밝아져서 돌아왔다.

그의 이웃 사람들과 그가 전에 거지 노릇을 하고 있던 것을 보아온 사람들은 "저 사람은 앉아서 구걸하던 사람이 아닌가?" 하고 말하였다.

어떤 이들은 바로 그 사람이라고 하였고, 또 어떤 이들은 그 사람을 닮기는 했지만 그 사람은 아니라고도 하였다. 그때 눈을 뜨게 된 사람이 "내가 바로 그 사람이오" 하고 말하였다.

사람들이 "그러면 당신은 어떻게 눈을 뜨게 되었소?" 하고 묻자 그는 "예수라는 분이 진흙을 개어 내 눈에 바르시고 나더러 실로암에 가서 씻으라고 하시기에 가서 씻었더니 눈이 뜨였습니다" 하고 대답하였다. 그들이 "그 사람이 어디 있소?" 하고 물었으나 그는 모른다고 대답하였다.

사람들은 소경이었던 그 사람을 바리사이파 사람들에게 데리고 갔다. 그런데 예수께서 진흙을 개어 그의 눈을 뜨게 하신 날은 바로 안식일이었다. 그래서 이번에는 바리사이파 사람들이 또 그에게 눈을 뜨게 된 경위를 물었다. 그는 "그분이 내 눈에 진흙을 발라주신 뒤에 얼굴을 씻었더니 이렇게 보게 되었습니다" 하고 대답하였다.

바리사이파 사람 중에는 "그가 안식일을 지키지 않는 것으로 보면 하느님에게서 온 사람이 아니오" 하는 사람도 있었고 "죄인이 어떻게 이와 같은 기적을 보일 수 있겠소?" 하고 맞서는 사람도 있어서 서로 의견이 엇갈렸다.

그들이 눈멀었던 사람에게 "그가 당신의 눈을 뜨게 해주었다니 당신은 그를 어떻게 생각하오?" 하고 다시 묻자 그는 "그분은 예언자이십니다" 하고 대답하였다.

유대인들은 그 사람이 본래는 소경이었는데 지금은 눈을 뜨게 되었다는 사실을 믿으려 하지 않고 마침내 그 사람의 부모를 불러 "이 사람이 틀림없이 나면서부터 눈이 멀었다는 당신네 아들이오? 그런데 지금 어떻게 눈을 뜨게 되었소?" 하고 물었다.

그의 부모는 "예, 틀림없이 날 때부터 눈이 멀었던 저희 아들입니다. 그러나 그가 어떻게 지금 보게 되었는지, 또 누가 눈을 뜨게 하여주었는지는 모릅니다. 다 자란 사람이니 그에게 물어보십시오. 제 일은 제가 대답하겠지요" 하였다. 그

의 부모는 유대인들이 무서워서 이렇게 말한 것이다. 유대
인들은 예수를 그리스도라고 고백하는 사람은 누구나 다 회
당에서 쫓아내기로 작정하였던 것이다.

그의 부모가 "다 자란 사람이니 그에게 물어보십시오" 하
고 말한 것도 그 때문이었다. 유대인들은 소경이었던 사람
을 다시 불러놓고 "사실대로 말하시오. 우리가 알기로는 그
사람은 죄인이오" 하고 말하였다. 그는 이렇게 대답하였다.
"그분이 죄인인지 아닌지는 모르겠습니다. 다만 내가 아는
것은 내가 앞 못 보는 사람이었는데 지금은 잘 보게 되었다
는 것뿐입니다."

"그러면 그 사람이 당신에게 무슨 일을 했소? 어떻게 해서
당신의 눈을 뜨게 했단 말이오?" 하고 그들이 다시 묻자 그
는 "그 이야기를 벌써 해드렸는데 그때에는 듣지도 않더
니 왜 다시 묻습니까? 당신들도 그분의 제자가 되고 싶습니
까?" 하고 반문하였다.

이 말을 듣고 그들은 마구 욕설을 퍼부으며 "너는 그자의 제
자이지만 우리는 모세의 제자이다. 우리가 아는 대로 모세
는 직접 하느님의 말씀을 들은 사람이지만 그자는 어디에서
왔는지도 모른다" 하고 말하였다.

그는 이렇게 대꾸하였다. "분명히 내 눈을 뜨게 하여주셨는

데 그분이 어디에서 오셨는지도 모른다니 이상한 일입니다. 하느님께서는 죄인의 청은 안 들어주시지만 하느님을 공경하고 그 뜻을 실행하는 사람의 청은 들어주신다는 것을 우리는 알고 있습니다. 소경으로 태어난 사람의 눈을 뜨게 하여준 이가 있다는 말을 일찍이 들어본 적이 있습니까? 그분이 만일 하느님께서 보내신 분이 아니라면 이런 일은 도저히 하실 수가 없을 것입니다."

유대인들은 이 말을 듣고 "너는 죄를 뒤집어쓰고 태어난 주제에 우리를 훈계하려 드느냐?" 하며 그를 회당 밖으로 내쫓아버렸다.

눈멀었던 사람이 유대인들의 회당에서 쫓겨났다는 말을 들으시고 예수께서 그를 만났을 때 "너는 사람의 아들을 믿느냐?" 하고 물으셨다.

"선생님, 믿겠습니다. 어느 분이십니까?" 하고 대답하자

예수께서 "너는 이미 그를 보았다. 지금 너와 말하고 있는 사람이 바로 그 사람이다" 하고 말씀하셨다.

"주님, 믿습니다" 하며 그는 예수 앞에 꿇어 엎드렸다.

예수께서는 "내가 이 세상에 온 것은 보는 사람과 못 보는 사람을 가려, 못 보는 사람은 보게 하고 보는 사람은 눈멀게 하려는 것이다" 하고 말씀하셨다.

예수와 함께 있던 바리사이파 사람 몇이 이 말씀을 듣고 "그러면 우리도 눈이 멀었단 말이오?" 하고 대들었다.

예수께서는 "너희가 차라리 눈먼 사람이라면 오히려 죄가 없을 것이다. 그러나 너희는 지금 눈이 잘 보인다고 하니 너희의 죄는 그대로 남아 있다" 하고 대답하셨다. (요한 9:1~41)

이 이야기는 그리스도교적인 의미에서 '본다는 것'이 무엇인지, 어떻게 보게 되며, 어떻게 본다는 것을 알 수 있는지를 압축적으로 보여줍니다. 이야기 말미에 예수가 바리사이인들에게 하는 말에 주목해 보십시오.

그러나 너희는 지금 눈이 잘 보인다고 하니 너희의 죄는 그대로 남아 있다.

이 말은 이렇게 풀 수 있습니다.

너희가 볼 수 있다고 하니 너희는 여전히 죄에 빠져 있다.

혹은 이렇게도 볼 수 있습니다.

너희가 스스로 보지 못한다는 것을 알 때 비로소 길을 찾게 되리라.

요한 복음서에는 이처럼 놀라운 역설이 종종 등장하며 이 장면도 그중 하나입니다. 사실상 예수는 바리사이인들, 즉 당시 종교 전문가들에게 이렇게 말하고 있다고 볼 수 있습니다.

너희의 문제는 너희가 보지 못한다는 진실을 보지 못하는 데 있다. 너희가 관습적으로 행하는 일, 너희의 신분, 너희가 가진 기술에 사로잡혀 너희가 무엇에 종사하고 있는지를 너희는 보지 못한다.

복음서 이야기는 저들이 정확하게 무엇을 보지 못하는지를 밝히 보여줍니다. 그들은 자신을 움직이는 동력이 무엇인지, 어떤 원리로 자신이 움직이는지를 보지 못했습니다. 자신들이 깊은 두려움에 사로잡혀 있다는 것, 자신들의 안전과 자신들이 선 자리를 지키고 정당화하기 위해 폭력을 사용한다는 것, 자신들의 안위를 위해 타인의 생명, 삶을 대가로 치러 끝없이 희생양을 만들어낸다는 것을 그들은 알지 못했습니다. 이 끔찍하고, 혼란스럽고, 비인격적인 기제들이 자신들을 움직이는 것을 보지 못하기에 그들이 죄에 갇혀 있다고 예수는 말합니다. 그들은 자신들이 스스로의 현실을 보지 못한다는 것을 모르며 이를 보도록 눈을 열어주면 그로부터 도망쳐 버립니다.

이는 그다지 놀라운 일은 아닙니다. 정직한 친구 혹은 정직한 적이 우리가 진정 어떤 사람인지를 드러낼 때, 우리 대다수는 그로부터 도망치려 합니다. 우리는 우리의 생각, 욕구, 감정을 따라 우리 자신의 상像을 만들어냅니다. 우리 대다수는 그 상(내가 나라고 믿는 내 모습)을 보고 싶어 하지 우리 자신에 관한 진실을 보려 하지 않습니다. 누군가 당신에게 "진짜 당신에 대한 내 생각을 알고 싶습니까?"라고 물을 때 우리는 당혹스러워하거나 망설임을 느낍니다. 실제로는 알고 싶지 않기 때문이지요.

그러니 복음서에 나오는 종교 전문가들이 자신들 안에 있던 두려움과 폭력성이 드러났을 때 당황스러워하고, 이를 마주하기를 거부했다는 것을 두고 섣불리, 무작정 그들을 탓할 수만은 없습니다.

하지만 이 이야기는 우리의 시각, 실패하고 무지하고, 겁먹은 우리의 실제 모습을 묘사하는 데서 그치지 않습니다. 여기에 요한 복음서가 지닌 차별성이 있습니다. 요한이 말하는 예수 이야기에는 무언가 또 다른 시각이 함께 담겨 있습니다. 그가 "영광"이라고 부른, 만물의 근간을 이루는 광채, 빛이 자아내는 아름다움이 이 복음서 전반에 흐르고 있습니다. 찬란한 빛이 드러나 그 빛 속에 서면, 저 종교 전문가들처럼 "저는 모든 것을 압니다. 다 알고 있습니다"라고 말할 수는 없습니다. 우리 경험의 미천함, 우리 지식의 알량함, 우리 인격의 추레함이 고스란히 드러나기 때문입니다. 이 복음서에서 예수의 사명은 분명합니다. 그의 사명은 저 빛이 지닌 철저함, 찬란하고 숭고한 아름다움을 이 세상에 밝히 드러내는 것입니다. 완고하게 자신을 변명하고 정당화하는 이들, 겁에 질린 채 자신에서 벗어나지 못하는 이들만이 그 빛을 거부하고, 그 빛에 저항할 것입니다.

자기변명, 자기 정당화, 두려움, 폭력, 이와 같은 것들은 저 찬란한 빛 가운데서는 살 수 없습니다. 그리스도교가 선포하는 복음에 따르면 빛의 핵심은 그 자체로 자기중심성에서 완전히 벗어나는 것이기 때문입니다. 모든 현실의 이면, 아래에는 우리가 상상할 수 있는 가장 온전하고 강력하며 지혜로운 실재가 자신을 내어주는 활동, 자신의 충만한 생명과 기쁨을 타자에게 주는 활동이 놓여 있다고 복음은 말합니다.

영원의 차원에 계신 분께서 살을 입고 우리의 시간 안으로, 역사 속으로 들어오셨습니다. 복음이 지닌, 복음이 선포하는 찬란한 아름다움은 하느님께서 자신을 내어주는 활동이 지닌 영광입니다. 이 영광을 마주할 때, 우리는 자기변명과 자기 정당화라는 감옥에서 해방되기를 기도합니다. 무한한, 한계가 없는 이타심을 마주할 때 우리는 더는 누군가, 저 멀리 어딘가에 있는, 우리에게 적대적인, 그 앞에서 우리를 보호해야 할, 강력한 힘을 지닌 독재자와 같은 존재를 달래서 우리를 사랑해 달라고 설득하지 않아도 된다는 것을 깨닫습니다. 우리는 무조건적 사랑이라는 무한한 선물을 받고 있음을 깨닫습니다. 요한 복음서는 이를 "끝없는 수고", 우리에게 생명, 삶을 주시려는 분의 끝없는 수고라고 말합니다. 우리에게는 이 선물만이 남습니다. 복음서에서 예수가 안식일에 누군가를 치유하자 사람들은 그가 안식일 규정을 깨트렸다고 말합니다. 이에 예수는 답합니다.

내 아버지께서 언제나 일하고 계시니 나도 일한다.

(요한 5:17)

이처럼 그는 자신의 생명을 내어주는 이타적 활동, 그리고 그로 인한 치유와 회복을 막을 수 있는 것이란 없음을 확언

합니다.

'진실로 그러하다면' 정말 경이로운 일이라는 생각이 들 것입니다. 또한 어떻게 해야 그러한 시각을 받아들일 수 있는지, 일상에서 몸과 마음에 새겨나갈 수 있는지, 그리하여 이 현실에서 구현해나갈 수 있는지 궁금해지겠지요. 하지만 이 지점에서도 이야기의 긴장이 해소되지는 않습니다. 오히려 긴장은 더욱더 고조됩니다. 이야기를 따라가다 보면, 우리는 우리 자신이 얼마나 자기기만에 사로잡혀 있는지를 더욱 분명하게 보게 됩니다. 이 이야기를 따라가다 보면 우리는 서서히 알게 됩니다. 우리가 저 이중의 시각(우리 안에 있는 두려움을 직시하는 것과 그 두려움을 이기는 사랑에 눈뜨는 것)에 저항한다는 사실을 말입니다. 인간이 왜, 어떤 식으로 이 이중의 시각에 눈뜨기를 거부하는지 그 심연이 드러납니다. 그리고 현실에서는 두려움이 이깁니다. 우리 눈에는 그렇게 보입니다. 예수는 비난받고 처형을 당합니다. 인간은 '보기'를 거절했고 예수는 십자가에 달려 죽었습니다. 인간의 '거부'가 낳은 결과, 인간의 '거부'에 담긴 뜻은 궁극적으로 십자가에서의 죽음입니다. 그런데 복음서는 이 죽음이 다시금 영광이 임하는 순간이 되었다고 이야기합니다. 십자가에서 우리는 자신을 완전히 내어주는 사랑이 무엇인지를 온전히 보게 되기 때문입니다.

　조건 없는 사랑, 그 사랑의 상징이 우리 눈앞에 있습니다. 십자가는 영광 그 자체입니다. 예수의 죽음은 우리에게 하느님의 사랑이 부서지지 않으며 그분께서 끊임없이 사랑으로 활동하신다는 것을 드러냅니다. 하느님께서는 죽음이라는 현실 앞에서도 당신의 활동을 멈추지 않으십니다. 우리의 '거부'에도 자신의 이타적인 사랑을 멈추지 않으십니다. 십자가에 달린 예수의 죽음 너머, 그의 죽음을 통해 멈출 줄 모르는 사랑이 이어집니다. 그리고 이 위대한 안식일의 죽음 이후 그 사랑은 부활을 통해 그 모습을 드러냅니다.

　요한 복음서는 전全 성서 중에도 가장 무궁무진한 내용을 담고 있는 책이며 이에 관해서 할 이야기는 끝이 없습니다. 여기서는 다만 '보는 것'으로서의 신앙에 관한 의미가 조금이나마 전해졌기를 바랍니다. 신앙이란 나 자신을 보고 하느님을 보는 일입니다. 두려움에 사로잡혀 있는, 폭력성을 품고 있는 '나', 그리고 한결같으며 끊임없이 창조를 이어가시는 하느님을 함께 보는 것이 바로 신앙입니다. 저 찬란하며 끝없는, 사심 없는 사랑을, 그 사랑이 지닌 영광을 깨달을 때 우리는 우리 안에 있는 자기기만을 용기를 내어 마주할 수 있습니다.

요한 복음서에서 예수는 처음으로 두 마디 말을 건넵니다. "무엇을 원하느냐?" "와서 보라." 이보다 더 신앙을 잘 보여주는 말은 없습니다. 무엇을 원하십니까? 진정으로 삶이 변화되기를 원합니까? 진정으로 온전한 인간이 되고 싶습니까? 참된 인간으로 살기를 바랍니까? 그렇다면 와서 보십시오. 그렇기에 복음서의 시작은 논쟁이 아닌 초대에서 시작합니다. 늘 보던 것만 보는 곳에서 걸어 나와, 무언가 다른 것을 보는 곳으로 나오라고, 자기 자신을 시험해 보라고 그리스도교 신앙은 우리를 초대합니다.

우리는 충분한 시간을 갖고 복음서가 전하는 이야기를 숙고해 보아야 합니다. 그 이야기에 머물러야 합니다. 이 초대는 응당 그러한 태도를 요구합니다. 이야기가 주장하는 바는 매우 단순하지만 동시에 충격적입니다. 요한 복음서가 주장하는 바, 모든 그리스도교 전통이 주장하는 바는 우리의 역사 속에, 한 시점에, 사랑이 온전히, 투명하게 드러났다는, 인간의 얼굴을 한 영광의 빛이 나타났다는 것이기 때문입니다.

03

—

무엇이 달라지는가?

간략하게나마 요한 복음서를 살펴보았습니다. 이제는 그리스도교가 전하는 복음이 들어옴으로 우리 삶과 이 세계가 어떻게 달라지는지 생각해 보고자 합니다.

앞 장에서 신앙이 무엇인지를 살피며 우리는 복음이 건네는 이야기를 들어보았습니다. 복음은 말합니다.

여기 새로운 세계가 있습니다. 당신이 저지른 실패, 당신 안에서 반복되는 두려움을 회피하지 않고 선명하게 보면서도, 치유되기를 바라면 당신은 아무 조건 없이 치유될 수 있으며 살 수 있습니다. 그런 세계에서 사는 것이 가능합니다.

우리가 처한 현실을 직시하면서도 치유를 향한, 회복을 향한, 용서를 향한, 온전함을 향한 하느님의 초대를 받아들이면 보이는 세계가 있습니다. 우리는 이 초대에 응해 그 세계에 살 수 있습니다. 하지만 여전히 이런 설명이 너무나 개략적으로 보일 수 있습니다. 이제는 좀 더 구체적으로 그러한 초대를 충실히 받아들일 때 어떠한 정신과 태도를 갖게 되는지, 어떠한 가치를 추구하며 살게 되는지 그 모습을 살펴보도록 하겠습니다.

신앙은 적어도 세 가지를 가능하게 합니다. 먼저 신앙은 사실을 있는 그대로, 긴 시간 속에서, 균형 있게 바라보게 해줍니다. 달리 말하면 신앙은 올바른 의미에서 자기 객관화를 가능케 합니다. 신앙은 우리 스스로를 변명하거나 방어하지 않은 채, 초조해하지 않고, 스스로를 내세우지도, 그렇다고 스스로를 무가치하게 여기지도 않게 합니다. 신앙은 자신에게 주어진 역할을 수행하는 중에 실패할 수 있음을 받아들이게 합니다. 그리고 언제든 다시 회복될 수 있음을 신뢰하게 합니다.

신앙이 열어주는 눈으로 우리는 우리의 실패를 보며, 그럼에도 우리가 사랑받고 있음을 봅니다. 신앙은 우리 한 사람 한 사람이 부름받은 존재임을, 소명을 지닌 존재임을, 책임이 있는 존재임을 보게 해줍니다. 동시에 우리가 그 부름을 따르지 못하는 존재임을, 소명을 어그러뜨리는 존재임을, 책임을 지지 못하고 실패하는 존재임을 보게 해줍니다. 이러한 실패의 반복에도 우리는 우리 자신을 궁극적으로 쓸데없이 공간이나 차지하는, 무가치한 존재라고 여기지는 않습니다. 신앙은 우리가 그러한 방식으로 우리 자신을 보도록 허락하지 않습니다. 신앙을 통해 우리는 우리 자신의 현실을 있는 그대로 바라볼 수 있습니다. 우리는 실제 우리 자신보다 더 나은 사람인 체하지 않으며, 실제 우리 자신보다 더 못한 사람인 체하지도 않습니다. 우리는 우리의 한계를 깨달으나, 동시에 성장하며, 그 와중에 실수하고 실패한다는 것을 받아들입니다. 신앙은 우리에게 그러한 현실에 당황하지 말라고, 두려워하지 말라고 이야기합니다.

둘째로, 이러한 신앙을 받아들일 때 우리는 우리를 둘러싼 세계를 가치 있게 여기게 됩니다. 이 세계의 근간에 어떤 활동, 궁극적으로 우리의 상상을 넘어서는 이타적인 사랑의 활동이 있다면 이 세계를 이루는 모든 것은 선물일 테지요. 우리가 이를 거부하고 우리 마음 속에, 주변에, 사회에 장벽을 세워나간다면 우리는 그런 세상에 살게 될 것입니다. 우리가 우리 자신을 그리고 우리를 둘러싼 모든 것을 영원에서 온 선물로 여기고, 이를 나누며 산다면 우리는 사랑의 세계에 살게 될 것입니다. 우리에게 시간과 공간이 주어진 이유가 거룩한 사랑 안에서, 이 사랑을 통해, 이 사랑을 받으며 친밀한 관계를 성장시키기 위함이라면 우리를 둘러싼 모든 것은 소중한 선물이 될 것입니다. 당신 곁에 있는 사람 또한 이를 위한 신성한 선물입니다. 당신을 둘러싼 물질적 환경 역시 하느님께서 주신 선물입니다. 여기에 우연은 없습니다. 모든 것, 모든 이들, 모든 순간이 '주어진' 선물입니다.

마지막으로, 지금까지 한 이야기가 참이라면 그 연장선에서 이러한 이야기를 해볼 수 있겠습니다. 인간은 본래 서로 친밀하게 관계 속에서, 주고, 또 받으며 이 세상을 살아가는 존재입니다. 그것이 본래 인간의 길입니다. 인간은 만물의 중심에 있는 거룩한 사랑(하느님)과 친밀하게 관계 맺을 뿐아니라 다른 이와 친밀하게 관계 맺으며 살아가게 되어있습니다. 그러한 관계에 헌신할 때, 그러한 관계를 통해 우리는 더욱 온전한 인간이 됩니다. 마찬가지로 우리는 우리를 둘러싼 세계와도 친밀한 관계를 맺으며 살아가야 합니다. 이는 우리를 더욱 온전한 인간으로 만들면서 세계가 본연의 기능을 하게끔 만들어 줍니다. 환경을 그런 식으로 존중하는 태도는 이른바 '선진' 사회에서 추구하기 어려운 태도가 되었다

할지라도 말이지요.

현실을 있는 그대로 균형 있게, 긴 시간 속에서 바라보는 것, 만물을 선물로 바라보는 것, 서로가 친밀한 관계를 나누도록 부름받았으며 이를 통해 우리가 더욱 온전한 인간이 된다는 신념, 이러한 신앙의 태도는 대척점에 있는 태도와 시선에 저항합니다.

먼저, 신앙은 감정적으로 성숙하지 못한 유아적인 태도에 저항합니다. 성숙하지 못한 태도와 시선이란 세계와 인간을 긴 안목으로 보지 못하는 것, 혹은 이를 거부하는 것을 뜻합니다. 성숙하지 못한 이는 이러한 시선을 결여하고 있기 때문에 자신의 즉각적인 필요와 순간순간 일어나는 감정에 함몰됩니다. 이러한 미숙함은 때때로 탐욕, 정욕, 무책임함으로 드러나며 예수가 종종 지적했듯 다른 이들을 정죄하거나 미워하는 모습으로 나타나기도 합니다.

또한 신앙은 타인을 착취하는 이기심에 저항합니다. 이러한 이기심은 작게는 개인적인 차원에서, 넓게는 집단적인 차원에서 자신의 결핍에만 골몰하게 만들며 이를 채우는 데만 신경을 쏟게 만듭니다. 우리를 둘러싼 모든 사람, 모든 환경을 자신의 욕망을 채우는데 끌어다 쓰려 하지요. 이러한 태도는 우리 주변을 황폐하게 만들고 망가뜨립니다.

마지막으로 신앙은 계산적인 태도, 불신하는 태도로 관계를 맺는 것에 저항합니다. 이러한 태도 밑바탕에는 다른 사람, 다른 집단, 다른 국가, '나'를 제외한 세계의 모든 것이 '나'의 목적을 위한 수단이라는 생각, '나'를 위해 그 모든 것이 존재한다는 생각이 자리 잡고 있으며 타인도 그렇게 생각할 것이라는 가정 또한 자리 잡고 있습니다. 이처럼 냉소적인 태도는 우리를 갉아먹을 뿐입니다.

살아가면서 우리를 둘러싼 문화에서 이러한 모습을 본 적이 없다면 그건 아마도 이 세계를 면밀히 살펴본 적이 없다는 뜻일 것입니다. 우리가 속한 사회에 만연한, 그렇기에 그 정도와 방식은 다를지 몰라도 우리 안에 퍼져있는, 가장 깊은 차원에서 우리 삶을 파괴하는 요소들에 저항하는 길, 그 길을 향한 문을 열어젖히는 것이 바로 신앙입니다. 신앙이 열어주는 눈을 통해 이 비극적인 현실을 정직하게 봄으로써, 현실을 넘어설 가능성이 열립니다. 여러 세력이 각축전을 벌이는 세계, 현실에 참된 변화를 빚어낼 수 있는 것이 무엇인지 묻는다면 그리스도교인은 바로 신앙이라고, 신앙이야말로 정의와 화해를 향한 변화를 진정 가능케 한다고, 그러한 가능성을 품고 있다고 이야기할 것입니다.

무엇을 원하는가? 와서 보라

지금까지 저는 우리가 사는 세계에서 종교에 헌신한다는 것이 무엇인지 그 대략적인 특징을 그려내 보고자 했습니다. 종교란 우리가 제대로 보도록 해주는 것입니다. 또한 종교란 우리가 모든 것을 알지는 못함을, 우리가 보는 것이 전부가 아니라는 것을 깨우쳐주는 것입니다. 앞에서 저는 신약에서 종교의 이러한 특징을 가장 분명하게 보여주는 이야기, 요한복음서의 예를 들어 이를 살펴보았습니다. 요한은 "와서 보라"고 우리를 초대합니다. 이 초대에 응하는 것, 그가 제시하는 시각으로 세계를 '볼 때' 이 비극적인, 우리가 온전한 인간이 되는 것을 가로막는 세상을 무너뜨리는 가장 근본적인 저항을 시작하게 된다고 그리스도교인은 믿습니다.

누군가는 이렇게 말할지도 모르겠습니다. "매력적인 이야기네요. 하지만, 그게 참이라고 생각해야 할 이유가 있습니까?" 그리스도교인이라면 모두 이 질문에 답해야만 합니다. 그러나 그 응답은 질문을 던진 상대를 싸움을 통해 때려눕히거나 논쟁을 통해 굴복시키는 방식이 아니라 그를 초대하는 방식으로 이루어져야 합니다. 우리는 저 질문에 대해서 "누구나 보면 받아들일 수 있는 증거가 여기에 있습니다. 그러므로 우리는 현실에 이렇게 접근해야 합니다"라고 답해서는 안 됩니다. 그리스도교가 초대해서 이끌고자 하는 세계는 그러한 부류의 것이 아닙니다.

신앙을 이야기하며 과학과 예술에 견준 것도 이 때문입니다. 모든 진지한 활동, 헌신에는 위험이 따릅니다. 새로운 이론을 검증하기 위해 새로운 방향으로 실험을 설계할 때 과학자들은 이전까지는 살펴보지 못한 일련의 이론들을 일일이 검토하는 위험을 감수해야 합니다. 새로운 이론이 옳은 것으로 판명되면 그다음에는 또다시 새로운 물음을 던지고 새로운 여정을 출발하지요. 인간의 상상력에서 나온 위대한 작품들(시, 영화, 극, 소설)을 접했을 때를 생각해 보십시오. 그 작품들을 통해 작가들은 우리에게 "내가 당신에게 현실, 혹은 실재를 증명해 보이겠소"라고 으스대지 않습니다. 차라리 그들은 독자에게 요한 복음서 서두에서 예수가 한 말과 비슷한 말을 건넵니다.

와서 보십시오. 제 곁에 서서 바라보십시오.

이처럼 예수 곁에 서면, 우리가 그때까지 볼 수 없었던 것을 볼 수 있게 됩니다. 지금 여기 홀로는 볼 수 없는, 그 자리에 함께 설 때만, 그곳에서만 볼 수 있는 진리가 있습니다.

셰익스피어의 『리어왕』King Lear이 우리에게 알려주는 불편한 진실은 우리 자신의 불확실함, 우리가 무언가를 보면서도 보지 못한다는 점입니다. 우리가 보는 것에는 우리가 미처 생각지 못한 의미가 담겨 있다고 이 비극은 말합니다. 그렇다면 리어왕 이야기는 사실일까요? 글쎄요, 역사적인 관점에서 고대 브리튼 시기에 관한 사실은 아닐 것입니다. 그러나 이 이야기는 우리가 사는 세계에 관한 진실을 담고 있는 이야기라고 할 수 있습니다. 진리는 진리이기에, 진실은 진실이기에 불편합니다. 진리, 진실은 그것을 알지 못했다면 편안했을지 모를 것들을 접하게 하기 때문입니다. 그리스도교 신앙이 전하는 복음이, 메시지가 정말로 진실이냐는, 진리냐는 질문에 대해 저는 또 다른 질문을 던지고 싶습니다. 당신이 초대에 응해, 예수의 곁에 서서, 이전에는 본 적이 없는, 그 이상의 것을 보게 되고, 당신이 속해 있다고 여겼던 세계에서 벗어나 더 큰 세계를 알게 된다면 당신은 어떻게 하시겠습니까? '이게 실제 현실이지 않을까?', '나는 현실을 마주하기를 두려워하고 있는 것일까?', '이것이 진실이라면, 진정한 세계의 모습이라면, 나는 이제 어떻게 해야 하는 것일까?'라는 물음에 당신은 어떻게 응하겠습니까?

요한 복음서와 성서를 이루는 다른 문헌들이 예수에 관해 전하는 이야기들은 세상의 이야기들과는 달리 지금껏 이야기해왔던 (따로 떼어 놓을 수 없는) 두 가지, 이중의 시각을 함께 붙듭니다. 하느님께서 우리에게 거룩한 선물을 주셨다는 가슴 벅찬 현실에 대한 시각과 우리가 늘 자기를 기만하고 두려움에 사로잡혀 있다는 끔찍한 현실을 둘 다 이야기합니다. 그리스도교 신앙은 이 중 어느 한쪽도 외면하지 않습니다. 예수는 단순히 '신'이 이 땅에 현현한 사건이 아닙니다. 어느 한때, 영광이 드러났으니 그것으로 그만인 사건, 하늘에서 어떤 계명이나 교훈이 떨어진 사건이 아닙니다. 예수의 탄생, 삶, 죽음, 부활은 찬란한 빛이, 그 아름다움이 이 세계에 내려온 사건이며 우리 세상을 근본적인 차원에서 뒤흔들고 도전한 사건입니다. 예수를 통해 두려움을 녹이는 사랑, 그 무엇보다도 생생한 사랑이 나타났습니다.

거룩함은 여러 형태로 현현하며 여러 방식으로 경험할 수 있습니다. 라이너 마리아 릴케Rainer Maria Rilke는 고대 그리스 조각에 관한 탁월한 시를 남긴 바 있습니다. 이 시는 인상적인 구절로 마무리됩니다.

너를 바라보지 않는 부분이란 어디에도 없다.

너는 너의 삶을 바꾸지 않으면 안 된다.*

계시는 변화를 향한 초대를 담고 있으며 그리스도교가 전하는 복음도 그러한 뜻을 품고 있지만, 복음은 그 이상의 이야기를 전합니다. 그리스도교의 복음에서 계시는 사랑 그 자체가 드러난 사건입니다. 사랑의 활동 자체가 계시입니다. 이 계시는 드러난 사랑으로 나오라고, 이 사랑에 참여하라고 우리를 초대합니다.

와서 보라.

이 찬란한 빛, 그 아름다운 빛이 건네는 약속을 마주하십시오. 이 빛이 우리 안에 있는 불안하고 파괴적인 자아를 어떻게 버리도록 해주는지, 그리하여 어떻게 우리를 진정으로 살아있게 해주는지, 어떻게 진실로 이 일이 가능해지는지를 보십시오.

역사 속에서 무수한 사람들이 어떻게 하면 인간성을 회복할 수 있을지, 어떻게 하면 인간과 세상을 치유할 수 있을지

---

* 라이너 마리아 릴케가 쓴 「고대 아폴로의 토르소」 Archaischer Torso Apollos 의 마지막 구절이다.

수많은 해결책을 제시했습니다. 이러한 해결책들 가운데서 그리스도교의 복음이 제시하는 해결책은 어쩌면 단순합니다. 이곳에서, 한 사람을 만나라는 것입니다. 지금까지 살펴본 이야기는 모두 이 하나로 모을 수 있습니다. 요한 복음서는 "아버지의 품"을 영원히 안전한 곳으로 묘사합니다. 만물의 중심인 그분 곁에 있게 될 때 우리의 모든 두려움은 무의미해진다고 그리스도교는 말합니다. 궁극적으로 남는 것은 하나의 물음과 초대입니다. 그리스도교는 묻습니다.

당신은 무엇을 진실로 원합니까?

예수는 말합니다.

와서 보라.

복음서에는 예수가 자신의 친구들에게 또 다른 말을 남깁니다. 이 명령은 우리 마음에 깊은 울림을 남깁니다.

깊은 데로 나가라. 그물을 내려라. (루가 5:4)

기억하십시오. 우리 삶은 우리가 아는 것뿐 아니라 우리가 알지 못하는 것 위에 놓여 있습니다. 우리는 깊은 데로 나아가 우리의 한계를 알아야 합니다. 그곳에서 우리는 그물을 내려야, 놓아야 할 것을 놓고 사랑이, 화해가, 우리를 풍요롭게 하는 친밀한 관계가 우리 삶에 들어와 자리 잡게 해야 합니다. 온 세계를 지탱하는 그분의 창조와, 그분께서 주시는 선물, 그분이 지닌 힘 곁에 우리 삶을 두어야 합니다. 우리 삶은 거기에 달려 있습니다.

| 함께 읽어볼 만한 책 |

교회사가 아돌프 폰 하르낙Adolf von Harnack은 『그리스도교의 본질』Das Wesen des Christnetums에서 말했다.

> 존 스튜어트 밀은 언젠가 소크라테스라는 이름의 사나이가 존재했다는 사실을 좀처럼 기억할 수 없게 될 날이 올지도 모른다고 말한 적이 있다. … 그러나 더 중요한 사실은 예수 … 라는 이름의 사나이가 사람들 사이에서 존재한 적이 있었다는 사실을 사람들이 거듭해서 떠올리고 있다는 것이다. … 그리스도의 빛이 발하는 광휘를 자기 안에 영접한 적이 있는 사람은 다시는 그에 대해 어떤 것도 들은 적이 없는 것처럼 될 수는 없다.

이처럼 그리스도교는 예수라는 한 역사적 인물과 연결되어 있다. 하지만 그리스도교에서는 그를 단지 역사 속 한 인물로 기억하지 않는다. 모든 그리스도교인은 그를 변치 않는 하느님의 현현이라고, '그리스도'라고 고백한다. 그리스도교인들은 갈릴래아에서 예수와 함께 걸었고, 십자가에서 그가 처형당하는 모습을 보았던 제자들과 마찬가지로 '지금, 여기'서 그를 만날 수 있다고 믿는다. 그리고 이 만남, "그리스도의 빛이 발하는 광휘"를 만난 이는 자신의 삶이 이전과는 근본적으로 달라졌다고 확신한다. 2,000년 전 이스라엘의 한 지방에서 시작된, 간단하지는 않으나 단순한 믿음과 고백은 역사를 거쳐 광대하고 복잡하며 다양하게 가지를 뻗은 종교를 낳았다. 그러나 그리스도교를 단순히 종교라고 보는 것은 그리스도교를 너무 협소하게 보는 것일지도 모른다. 인류사에서 그리스도교는 그 자체로 다양한 문명사적 전환의 영향을 받았으며 때로는 스스로 커다란 문명의 전환을 일구어냈다. '예수 그리스도'라는 말 자체(예수는 유대인의 이름이고 그리스도는 '메시아'라는 히브리어의 그리스어 번역이다)가 유대교로 대표되는 근동 문명과 그리스-로마 문명이라는 거대한 문명 간 만남을 압축한다. 그리스도교는 한편으로는 자신이 등장하기 전에 있던 문명들의 영향을 받으며, 동시에 이들 문명과 긴장과 대립을 이루며 영향력을 확대해 나갔다. 이를 극명하게 보여주는 것은 그리스도교의 경전인 성서다. 역사에서 예수는 스스로 아무런 문헌도 남기지 않았지만, 그를 따르던 '유대인'들은 자신들의 예수 경험, 다른 이들의 예수에 관한 이야기를 수집해 대중적인 '그리스어'로 문헌을 남겼으며 그들이 기존에 쓰던 경전을 '구약'으로, 그리스-로마 문명이라는 배경 아래 새롭게 이해된 예수, 그리고 예수가 전한 메시지, 자신들의 믿음의 내용과 생활 양식에 대한 권면이 담긴 문헌들을 경전화하고 이를 '신약'으로 불렀다. 유대교 배경을 이해하지 않으면 '성서'를, 그리스도교를 온전히 이해할 수 없지만, 그럼에도 그리스도교는 유대교와 동일하지 않으며 결정적인 지점에서는 다르다. 그리스-로마 문명과의 관계 또한 마찬가지다. 그리스-로마 문명권 안에서 그리스도교는 불가피하게 당대 사상 및 문화의 영향을 받으며 사상, 교리를 만들어냈지만 그 결과 만들어진 사상, 교리, 실천은 당대 문화 속에 완전히 포섭되지 않는다. 또한 로마제국과 오랜 긴장과 대립을 거쳤지만 로마제국이 몰락했을 때 살아남아 서방 세계에서 그리스-로마 문명을 보존하는 역할을 맡았던 것은 아이러니하게도 제국과 오랜 기간 불화했던 교회, 그리고 라틴어 성경이었다. 이는 근대라는 거대한 흐름과 마주해서도 마찬가지다. 물질적인 삶의 개선, 인간 존엄성의 확대라는 측면에서 그리스도교는 근대 이후 변화된 사회와 발걸음을 같이 했으며 과학의 발전, 지속하여 등장하는 사상들과 발걸음을 맞추며 때로는 그러한 변화에 직간접적으로 기여했지만 그만큼이나 긴장을 이루고 대립했다. 그리스도교는 인간의 삶과 죽음, 이 세계의 탄생, 형성, 종말에 관련한 방대한 자원을 갖춘 광맥이다. 여기에는 추상적 개념뿐 아니라, 생동감 넘치는 이야기, 이미지, 상징, 제의, 윤리를 갖고 있다. 이를 바탕으로 그리스도교 신앙은 한 사람의 정신뿐만 아니라 마음과 감각에 호소하며 이 세계의 질서와 문화와 분위기를 자극하고 도전한다. 그러므로 '그리스도교란 무엇인가?'라는 질문에 대한 답은 '그리스도교가 전하는 메시지는 무엇인가?', '여러 그리스도교 공동체의 공통적인 특징, 그 속에 흐르는 근본 원리란 무엇인가?'라는 질문에 대한 답과 '역사 속에서 그리스도교는 어떠한 모습을 갖추었는가?', '그리스도교는 인류에 어떠한 영향을 미쳤는가?'라는 질문에 대한 답 두 가지로 나뉠 수 있다. 본문이 전자에 대한 답이라면 '함께 읽어볼 만한 책'에서는 전자뿐 아니라 후자에 대한 답에 도움을 줄 수 있는 책들을 소개해 보고자 한다. 어떠한 길이든 이 책은 어디까지나 탐구의 시작에 도움을 줄 수 있을 뿐이다. 그리스도교가 무엇인지를 살핀다는 것은 곧 인간이 타자와 만남으로써 일어날 수 있는 모든 가능성, 한 사회를 이루는 다양한 층위, 인류가 만들어낸 비참과 맞이한 영광을 모두 살핀다는 것을 뜻하며 이 모든 것을 "낱낱이 다 기록하자면 기록된 책은 이 세상을 가득히 채우고도 남을 것"이기 때문이다.

· 『사진과 그림으로 보는 기독교 역사』, 마이클 콜린스, 매튜 A. 프라이스 지음, 김승철 옮김, 시공사, 2001
· 『사진과 그림으로 보는 성서』, 존 보커 지음, 이종인 옮김, 시공사, 2003
· 『기독교 역사와의 대화』, 에른스트 벤츠 지음, 이성덕 옮김, 한들출판사, 2007

개인적으로 그리스도교를 믿느냐와는 관계없이 그리스도교에 관한 이야기는 세계 역사의 중요한 부분을 이루고 있음에 틀림없다. 그리스도교 신앙은 도덕에서부터 정치, 예술, 문학, 과학과 철학에 이르기까지 모든 삶의 분야에서 영향력을 미치고 있다. 오늘날 전 세계 인구의 약 ⅓을 헤아리는 사람들이 스스로를 그리스도교 신자로 여기고 있다. 사람들에게 거의 알려지지 않은 불가사의한 존재인 예수가 갈릴래아의 먼지 자욱한 길을 걸으면서 회개와 구원의 소식을 설교한 지 어언 2,000년이 흘러갔다. 이 책은 그 지나간 2,000년을 탐구해 보려는 하나의 시도이다.

-『사진과 그림으로 보는 기독교 역사』中

성서가 왜 중요한가? 그 대답은 간단하다. 오늘날 지구상에 사는 사람의 약 ¾이 성서를 하느님의 말씀이라고 믿고 있거나, 좀 더 정확히 말하자면 하느님에게서 나온 말씀으로 받아들이기 때문이다. 우선 유대교 신자와 그리스도교 신자는 그렇게 믿고 있다. 또 이슬람교도, 바하이교도, 힌두교도, 시크교도 등도 그것을 의심하지 않는다. … 그러므로 성서가 세계 여러 나라의 역사에서 중심적인 역할을 한 것은 놀라운 일도 아니다. "당신의 말씀은 내 발의 등불이요 나의 길에 빛이옵니다."(시편 119:105) 무수히 많은 사람이 이 말씀을 진리로 받들어 왔다. 성서는 희망의 때에 격려가 되고 슬픔의 때에 위안이 되었다. … 성서는 환란기에 앞길을 밝히는 횃불이요 하느님에게로 직접 이끄는 길잡이였다.

-『사진과 그림으로 보는 성서』中

'그리스도교'라는 개념은 그리스도교적인 가르침만을 나타내는 것이 아니라 믿고 사는 그리스도교적인 방식, 그리스도교의 규율에 따라 사는 삶을 나타낸다. 그 개념 자체가 그리스도교 본질에 관한 특정한 이해를 전제하고 있는 것이다. 이는 그리스도교의 이론적인 규정뿐만 아니라 그리스도교적인 삶의 전 영역, 카리스마적인 삶의 표현들, 예전 및 공동체 내의 윤리, 일부일처제, 금욕 등을 포함한다.

-『기독교 역사와의 대화』 中

그리스도교라는 거대한 흐름을 살펴보는데 일차적으로 도움을 주는 책들은 백과사전이다. 『사진과 그림으로 보는 기독교 역사』, 『사진과 그림으로 보는 성서』는 백과사전 편찬으로 널리 알려진 돌링 킨더슬리 출판사의 그리스도교편, 성서편으로 그리스도교편은 로마 가톨릭 사제인 마이클 콜린스Michael Collins와 개신교 목사인 매튜 A. 프라이스Matthew A. Price가 함께, 성서편은 종교학자로 널리 알려진 존 보커John Bowker가 썼으며 『기독교 역사와의 대화』의 경우 교회사가인 에른스트 벤츠Ernst Benz가 자신이 쓴 브리태니커 백과사전 15판의 '그리스도교' 항목을 수정, 첨가, 확대하여 단행본으로 펴낸 책이다.

앞의 두 권의 경우 '그리스도교'편은 연대기 순을 따라,

'성서'편은 창세기에서 요한의 묵시록까지 성서 순서를 따라 배열되어 있으며 두 권 모두 배경 지식에 보탬이 되는 짧막한 정보들과 다양한 그림, 사진 자료를 담아 놓았다. 『기독교 역사와의 대화』는 '그리스도교의 자기 이해', '그리스도교 신앙의 근본 사고', '교회', '그리스도교와 세계' 등 총 4부로 구성되어 있으며 교회의 단일성, 유대교와 구약성서와의 관계와 같은 문제부터 그리스도교와 타 종교, 그리스도교의 미래와 같은 문제까지 다양한 주제를 골고루 다룬다.

　　『사진과 그림으로 보는 기독교 역사』의 경우에는 가톨릭 사제와 개신교 목사가 교회일치적인 관점에서 썼으며, 『사진과 그림으로 보는 성서』 또한 종교학자가 썼기에 전체적으로 균형 잡힌 시각으로 각 주제를 살필 수 있다는 것이 큰 이점이다. 특히나 중세가 '암흑시대'라는 편견을 가진 독자들은 이 책을 통해 중세가 흑백의 단조로운 톤으로 이루어진 시대가 아니라, 다른 시대와 마찬가지로 형형색색의 색깔로 신과 인간, 세계를 말하던 시대였음을 발견할 수 있으며 성서의 경우 '페르시아', '아시리아'와 같은 성서의 배경이 되는 역사와 지리는 물론 '성서와 음악', '신약성서 시대의 무역과 여행' 같은 흥미로운 주제들에 관한 내용도 접할 수 있다. 『기독교 역사와의 대화』는 이보다 한결 더 심화된 주제들(유대교, 헬레니즘, 로마제국과의 관계, 그리스도교적 신 이해, 교회의 특징)에 대한 논의를 압축적으로 담아놓았다. 그리스도교에 대한 이해가 전무한 이들은 앞선 두 책을 접한 다음『기독교 역사와의 대화』를 살피면 많은 유익을 얻을 수 있다.

· 『순전한 기독교』, C.S.루이스 지음, 장경철, 이종태 옮김, 홍성사, 2018

그리스도교 '교파' 중 어디를 택할까 고민하는 분들에게는 제가 아무 도움도 드릴 수 없다는 사실을 알아 두셨으면 합니다. 이 책에는 성공회, 감리교, 장로교, 로마 가톨릭 중 무엇을 택해야 할지에 대해 아무 언급도 되어 있지 않습니다. 저는 의도적으로 그 부분을 뺐습니다. … 그리스도인이 된 이래, 믿지 않는 이웃들을 위해 제가 할 수 있는 최상의 봉사, 그리고 아마도 유일한 봉사는 모든 시대에 거의 모든 그리스도인이 공통으로 믿어 온 바를 설명하고 수호하는 일이라고 생각해 왔습니다.

영문학자이자 그리스도교 문필가인 C.S.루이스의 대표적인 그리스도교 소개서로 제2차 세계대전 시 BBC의 요청을 받고 라디오 방송으로 강연한 원고들을 묶은 책이다. 미국의 영향력 있는 개신교 잡지 「크리스채너티 투데이」에서 2000년 '20세기 그리스도교인들에게 가장 커다란 영향을 미친 100권의 책' 중 1위에 꼽혔으며 36개 언어로 번역되어 출간 당시보다 더 큰 영향력을 행사하고 있다.

'옳고 그름, 우주의 의미를 푸는 실마리', '그리스도인은 무엇을 믿는가?', '그리스도인의 행동', '인격을 넘어서' 등 총 4장으로 이루어져 있으며 그리스도교 신앙의 바탕이 되는 이해, 그리스도교 신앙의 특징을 기술한다. 그는 주요 그리스도교 교파 신자들 사이에서 논쟁거리가 되는 문제를 놓고 한쪽 편을 들기 원하지 않았으며 교파들의 '차이'보다는 '공통적인 부분'을 강조하는, '순전한 그리스도교'의 모습을 그려내고자 했다. 이는 부분적으로 당대 그리스도교에 무지하거나 잘 알지 못하는 비신자들이 늘어나고 있는 상황에서 "암 치료에 대해 의견을 달리하는 일부 의사가 있다는 이유로 피 흘리며 죽어 가면서도 치료를 거부하는 사람"이 더 나와서는 안 된다고 생각했기 때문이다.

대표적인 그리스도교 변증서로 꼽히지만, 시종일관 명료한 비유들을 사용하여 수 세기에 걸쳐 대다수 그리스도교인이 동의하는 가르침을 명쾌하게 요약해냈다는 점에서 좋은 그리스도교 안내서이다. 그리스도교의 기본적인 가르침을 요약한 다음, 다른 견해들을 살펴보고 어떠한 면에서 그리스도교의 가르침들이 훨씬 더 이치에 맞는지를 설명하는데 곳곳에서 실재, 인간 경험에 대한 고전적인 그리스도교의 설명이 다른 어떤 대안보다 더 설득력 있음을 알려 주는 매력적인 이야기들이 등장한다. 특히 당대 유행하던 견해들(빼어난 윤리 교사)에 맞서 왜 예수가 하느님의 현현인지, 구원자인지를 기술하는 부분은 널리 알려져 있다.

> 예수는 사람들에게 그들의 죄가 용서받았다고 선언했으며, 그들의 죄에 피해를 입은 이들의 의견을 구하지 않았습니다. 그는 일말의 망설임도 없이 스스로 가장 큰 피해를 입은 당사자인 양 행동했습니다. 이것은 그가 정말 하느님일 경우에만 이해할 수 있는 행동입니다. 모든 죄는 하느님의 법을 깨뜨리며 그의 사랑에 상처를 입히는 것이기 때문입니다. … 하느님 아닌 존재가 이런 말을 했다면, 역사에 등장했던 그 어떤 인물보다 우스꽝스럽고 자만에 찬 짓을 했다고 볼 수밖에 없습니다. … 인간에 불과한 사람이 예수와 같은 주장을 했다면, 그는 결코 위대한 도덕적 스승이 될 수

없습니다. 그는 정신병자거나, 아니면 지옥의 악마일 것입니다. 이제 여러분은 선택해야 합니다. 이 사람은 하느님의 아들이었고, 지금도 하느님의 아들입니다. 그게 아니라면 미치광이거나 그보다 못한 인간입니다. … 위대한 인류의 스승이니 어쩌니 하는 선심성 헛소리에는 편승하지 맙시다. 그는 우리에게 그럴 여지를 주지 않았습니다. 그에게는 그럴 여지를 줄 생각이 처음부터 없었습니다.

오늘날 냉정한 독자들이라면 이 책이 '순전히' 논증으로만 이루어져 있지 않음을, 자세히 살펴본다면 루이스가 끌어낸 것과는 다른 선택지도 가능하다는 것을 발견할지도 모른다. 그러나 이 책은 엄밀한 논증서라기보다는 독자들의 욕망, 두려움, 소망을 자극하는 하나의 비전, 확신이 담긴 비전을 담은 책으로 읽는 것이 적절하다. 루이스는 합리성에 대한 애정을 버리지 않으면서도 이를 다른 경험, 즉 상상력, 도덕적 감수성, 인간의 갈망과 조화시키려 했으며 이 책은 그러한 루이스의 시도를 잘 보여준다. 『그리스도교』에 이어서 모든 그리스도교 가르침에 공통으로 흐르는 원리를 살펴보고자 하는 이들이 펴들면 좋은 책이다.

· 『기독교의 본질』, 아돌프 폰 하르낙 지음, 오흥명 옮김, 한들출판사, 2007

그리스도교란 무엇인가? 여기서…는 오직 역사적인 의미에서, 즉 역사학 및 체험된 역사로부터 획득된 삶의 경험을 매개로 이 질문에 대한 대답을 시도하고자 한다. … 그리스도교에서 그 영향력이 어느 특정 시대에만 결부되어 있지 않은 한 주요 인물이 문제가 되는 것이라면, 그리고 그가 그리스도교 내에서와 그와 유사한 것을 통해 일회적으로가 아니라 계속해서 힘을 발휘해 왔다면, 그의 정신이 일구어낸 이후의 모든 소산 또한 아울러 고려되어야만 하는 것이다. … 우리가 한 식물의 뿌리와 줄기뿐 아니라, 그것의 껍질과 가지, 그리고 꽃까지 아울러 관찰한 다음에야 완전하게 한 식물을 알게 되는 것처럼, 그것의 전 역사에 걸쳐 있어야만 하는 완전한 귀납을 바탕으로 해서만 우리는 그리스도교라는 종교를 올바로 평가할 수 있다.

1900년 출간된 그리스도교의 본질에 관한 책으로 『교리사』Lehrbuch der Dogmengeschichte와 더불어 아돌프 폰 하르낙의 대표작으로 꼽힌다. 하르낙의 저작 중에서는 상대적으로 대중적인 저작이지만, 1800년에 출간된 슐라이어마허Friedrich Schleiermacher의 『종교론』Über die Religion에 이어 근대 그리스도교 해석의 특징적인 면모를 보여준다는 점, 그리스도교의 역사적 흐름을 비교적 두껍지 않은 분량에 일별할 수 있다는 점에서 각별한 의미가 있는 저작이다.

크게 '복음'과 '역사 안의 복음'으로 나뉘어 있으며 먼저 예수가 이 땅에서 선포한 '복음'이 무엇인지를 살핀 뒤 이 복음과 세계 및 인류 문화의 특징적 요소(빈곤, 법, 일)와의 관계를 점검하고 역사 속에서 이 복음이 어떠한 해석을 거쳤는지를 시대별(사도 시대의 그리스도교, 그리스 가톨릭 시대의 그리스도교, 로마 가톨릭 시대의 그리스도교, 개신교 시대의 그리스도교)로 분석한다. 그에 따르면 복음, 즉 예수가 선포한 내용의 핵심은 크게 세 가지(하느님 나라와 그 나라의 도래, 하느님 아버지와 인간 영혼의 무한한 가치, 더 나은 의와 사랑의 계명)로 압축된다.

하느님 아버지, 섭리, 자녀 됨, 인간 영혼의 무한한 가치, 이 구조 속에서 전체 복음이 명백해진다. 인간적인 것에 대한 참된 경외는 그것을 알든지 모르든지 간에, 아버지로서의 하느님에 대한 실제적인 인정이다.

하르낙에 따르면 이렇게 세 가지로 압축될 수 있는 복음의 알맹이는 성서의 정경화, 신조 및 교리적 신앙고백, 주교제 교회의 발전, 공동체 생활의 체계화와 성숙이라는 역사의 흐름을 거치며 다양한 껍질을 입어갔다. 이 모든 것은 나름의 가치를 지니지만 근본적인 차원에서 그리스도교의 핵심, 즉 복음을 가리거나 축소하거나 은폐한다. 교리적인 정통주의, 전례에 대한 전통주의, 윤리적인 실천을 강조하는 의지주의 역시 마찬가지다. 역사가로서 하르낙은 이 모든 전개과정을 주의 깊게 살피며 신학자로서 복음을 이 모든 '권위'로부터, 전통과 율법과 의식으로부터 해방해야 한다고 말한다. 그가 보기에 실제 그리스도교 역사는 복음의 운동을 자연종교화했다가 다시금 해방을 추구하는 역사에 다름아니다. 이러한 측면에서 마르틴 루터Martin Luther는 단순한 종교개혁가가 아니라 그리스도교의 복음을 다시 살려낸 진정한 의미의 혁명가다.

영혼 가운데 오직 영원에 대한 관심만이 살아 있던 그 사람 (루터)은 인류를 금욕 생활의 올무로부터 해방했다. 그는 이 것을 통해 진정 새로운 시대의 삶을 정초했던 것이다. 그는 세상과 모든 세속적 일에 있어서의 선한 양심과 관련해 인류에게 얽매이지 않는 마음을 되돌려 주었다. 이 결실이 그의 것이 되었던 까닭은 그가 종교를 세속화시켰기 때문이 아니라, 종교를 모든 것 가운데 스며들어 가게 하면서도 그 자체는 모든 외적인 것에서 해방되도록 종교를 진지하고도 깊이 있게 받아들이게 했기 때문이다.

오늘날 기준에서 하르낙의 이러한 분석은 지나치게 개신교 중심적(특히 독일 중심의 개신교)이라는 평가를 벗어나기 힘들며, 좀 더 깊은 차원에서는 그의 말대로 복음과 이후 생긴 교리 및 전례가 알맹이와 껍질처럼 간단하게 분리될 수 있는지 논쟁의 여지가 있다. 그러나 하르낙의 시대 구분(예수 운동, 바울, 그리스 가톨릭 시기, 로마 가톨릭 시기, 개신교 시기)과 분석은 이후 그리스도교 역사를 진지하게 다루는 이들에게 하나의 척도가 되었으며 그 세부 분석 또한 여전히 음미해볼 가치는 충분하다. 역사 속에서 드러나는 그리스도교의 특징을 살필 때 반드시 한 번은 맞닥뜨려야 하는 저작이다. 하르낙이 '문화화된 그리스도교'를 강조한 이른바 '자유주의자'라며 그에 대한 신학적 평가는 끝났다고 말하는 이들은 다음의 이야기에 귀를 기울여 볼 필요가 있다.

그리스도교는 고귀하고, 단순한 한 점에 관계되는 어떤 것
이다. 그것은 시간 가운데로 들어온 하느님의 능력이며 우
리 눈에 드러난 영원한 삶, 생명이다. 그리스도교는 가능한
모든 것을 보전하거나 개선하기 위한 윤리가 아니며 사회적
인 프로그램이 아니다.

· **『3천년 그리스도교 역사 1,2,3』, 디아메이드 맥클로흐 지음, 박창훈,
배덕만, 윤영훈 옮김, CLC, 2013**

나는 이 책을 통해 독자들이 그리스도교를 좋아하든 싫어
하든, 혹은 단지 그리스도교에 대한 호기심을 갖고 있든, 그
리스도교로부터 거리를 유지하며 그것을 객관적으로 바라
보도록 돕고 싶다. 이 책은 일차 자료에 대한 연구서가 아니
라, 세계 전역의 역사연구를 종합하려는 것이다. 이 책은 또
한 그것을 깊이 묵상하고자 한다. 이는 흔히 그리스도교에
서 벌어지는 일 때문에 당혹스러워하고 현재 그리스도교의
구조와 신앙이 어떻게 발전했는지에 대해 오해하고 있는,
보다 커다란 청중들을 위한 한 가지 방법이다. … 나의 목적
은 엄청나게 복잡하고 다양한 이야기를 가능한 한 분명하게

이야기하는 것이다. 다른 사람들이 설득력 있다고 생각하며 즐길 수 있는 방식으로 말이다. … 현대 역사가들이 종교의 진리를 판단할 특별한 능력을 갖고 있지 않지만 여전히 하나의 도덕적 과제를 지닌다고 주장하는 것이 내게는 부끄럽지 않다. 역사가들은 분별력을 증진시키고 광신주의를 조장하는 말장난에는 재갈을 물려야 한다. 나쁜 역사만큼, 즉 과도하게 단순화된 역사만큼 광신주의를 위한 확실한 토대도 없다.

옥스퍼드 대학교에서 교회사를 가르치고 있는 디아메이드 맥클로흐Diarmaid MacCulloch가 쓴 그리스도교사. 방대한 그리스도교 역사를 세 권 분량에 담아냈다. 그리스도교 역사, 교회사 저작은 많지만 대다수 저작과 연구가 그 저자가 속한 교파의 관점을 대변하기 쉽고 서방 교회의 경우 동방 교회의 역사적 흐름을 간과하기 쉽다. 그러나 이 책은 특정 교파의 관점을 내세우는 것을 지양하며 서방 교회(로마 가톨릭과 개신교)와 동방 교회를 두루 다룬다. 또한 다른 교회사 저작에서는 잘 다루지 않는 그리스도교의 두 뿌리(그리스-로마, 이스라엘)의 역사를 다루고 있다는 점도 돋보인다.

(한국어판의 경우) 제1권은 그리스와 로마의 역사, 이스라

엘의 역사부터 시작해 예수의 활동, 그리스도교 공동체의 발흥, 로마제국의 박해와 그리스도교 공인, 이슬람의 등장, 라틴 그리스도교의 형성까지 다루고 있으며, 제2권에서는 1800년까지의 동방 교회 역사와 1200년까지의 서방 교회 역사, 그리고 '종교개혁' 전후로 시작되어 1800년까지 이어진 서방 그리스도교의 분열을 기술한다. 마지막 3권에서는 근대를 형성하면서 동시에 근대와 충돌한 그리스도교의 모습, 20세기 들어 새롭게 재편된 세계 그리스도교까지를 다룬다.

지은이에 따르면 그리스-로마 종교는 황제 숭배와 지방 의식들, 신화들 간의 혼합체였으며, 유대교는 유대인이 자신의 정체성을 어떻게 이해할 것인가에 대한 끊임없는 고민의 산물이었다. 이 상황 속에서 그리스도교는 유대교를 향해서는 정체성에 대한 새로운 이해를, 그리스-로마 종교를 향해서는 정치적인 충성심에서 벗어난 새로운 형태의 헌신을 제시했다는 점에서 인류 역사에 결정적인 분기점을 형성했다. 물론 객관성을 지향하는 역사가답게 맥클로흐는 이러한 그리스도교가 언제나 인류 역사에 빛만 비추지는 않았음을, 긴긴 시간 정치적 힘을 추구하고 이용하는 쪽으로 나아갔고 그 정당성을 확보하기 위해 다양한 노력을 기울였으며 그 가운데 교회 내의 소수파들이, 타종교인들이 희생된 것을 지적하기를 망설이지 않는다. 물론 그렇다고 해서 (흔히 그러하듯) 소수파의 '편'을 들지는 않는다. 이를테면 저 유명한 아우구스티누스-펠라기우스 논쟁을 다루면서 "아우구스티누스의 십자군은 … 그들(펠라기우스주의자들)을 패배시켰고 … 펠라기우스의 지지자들은 교회 직분을 잃었다"고 언급하지만 펠라기우스의 자유의지론을 섣불리 긍정하거나 근대의 선구로 보는 견해에 대해서는 단호하게 거부하며 아우구스티누스의 비관론을 당대 역사 속에서 새롭게 비춰 보아야 함을 넌지시 제시한다.

> 펠라기우스의 관점은 우리의 타락한 상태에 대한 아우구스티누스의 험악한 비관론에 비해서 다소 정감 있게 제시되곤 했다. (그러나) 이것은 펠라기우스…의 가르침은 모든 인간 존재의 어깨에 하느님이 요구하는 최고의 기준에 따라 행동해야 하는 끔찍한 책임감을 올려놓은 것이라는 것을 놓치고 있다. 이러한 원리 위에 구성할 수 있는 세상은 하나의 광대한 수도원일 뿐이다. … 아우구스티누스의 비관론은 세상의 혼돈 가운데서 자신의 양 떼를 지키는 주교의 현실주의에서 시작한다.

이 외에도 지은이는 우리의 통념을 조정해주는 부분(유럽 그리스도교 선교의 성과와 한계, 러시아 제국 경계 지역에서 벌어진 개신교-로마 가톨릭-정교회의 복잡한 갈등, 종교개혁), 그리스도교 역사에서 상대적으로 미지의 영역에 해당하는 부분들(그리스도교의 동진 확장과 중앙아시아 교회들의 비참한 역사)을 폭넓게 제시한다. 그리스도교 공동체가 놀랍도록 다양한 사회적 맥락 속에서 어떻게 활력을 받아 이 세계에 뿌리를 내렸는지를 보여주는 거대한 저작이다. 그리스도교 역사를 나름대로 안다고 하는 이들에게도 새롭게 생각할 거리를, 이제 막 그리스도교 역사에 관심을 두게 된 이들은 생각보다 더 다양하고 더 거대하며 그만큼 복잡다단한 이야기들을 접할 수 있을 것이다.

· 『왜 그리스도인인가?』, 한스 큉 지음, 정한교 옮김, 분도출판사, 1982
· 『그리스도교 - 본질과 역사』, 한스 큉 지음, 이종한 옮김, 분도출판사, 2002

오늘이야말로 그리스도인이 원하는 것이 무엇이냐, 그리스도교란 무엇이냐는 물음은 사뭇 날카로워졌다. 오늘은 다른 사람들도 다른 말만 하는 것이 아니라 자주 같은 말을 하고 있다. 비그리스도교인도 사랑을, 정의를, 삶의 뜻을, 선인, 선행을, 사람다움을 옹호한다. 이처럼 다른 사람도 같은 말을 한다면 그리스도인은 무엇을 어떻게 해야 한다는 말인가? - 『왜 그리스도인인가?』 中

그리스도교가 더 그리스도교다워지자면, 전환, 다시 말해 근본적이고 철저한 개혁이 필요하다. 이것은 그리스도교의 심리주의화나 재신화화 이상의 것이다. 무릇 개혁이란 본질적인 것이 다시금 뚜렷이 드러나도록 만들 때만, "근본적인"(즉, "뿌리에까지 이르는") 것이 될 수 있다. 그러나 그리스도교에 있어서 이 본질적인 것은 도대체 무엇일까? 여기서 우리는 단순히 종교적 체험에만 의지하거나, 갖가지 지적 작업을 게을리해서는 안 된다. 여기서는 온 힘을 다해 다음 물음을 파고들어야 한다. 그토록 다양하고 상이한 모든 그리스도 교회들, 그토록 각양각색의 모든 그리스도교 시대들을 함께 묶어주고 있는 것은 도대체 무엇인가? 우리가 각양각색의 교회들 안에서(여러모로 왜곡, 훼손되었으면서도) 인식, 식별할 수 있는, 이를테면 그리스도교의 본질 같은 것이 존재하는가? ... 이 책은 그리스도교 역사에 관한 중립적 종교학 서술도 아니고, 그리스도교 교리에 관한 조직신학 논술도 아니다. 이 책은 역사와 조직신학 두 차원의 종합을 감행하고자 한다. 역사의 흐름을 따라 이야기해 나가면서도 동시에 그리스도교의 본질에 대한 분석적 논증을 제시할 것이다. 이 책은 매우 극적이고 복합적인 역사를 서술할 터이지만, 동시에 그 역사를 거듭 새삼 그리스도교의 원천에 비판적으로 비추어보고, 그리스도교가 그때그때의 특정 패러다임 아래에서 치러야 했던 희생에 관해 캐물을 것이다. 또한 "미래를 위한 물음들"도 제기할 것이다. 사실 어떤 교회 전통이 경직되어 참된 "보편성"을 저버릴 경우에는 언제나 그러한 물음들이 생겨나게 마련이다. 이처럼 이 책은 여러 분야를 아우르는 방식으로 구성되어 있는데, 그 까닭은 불모의 "전문분야들"을 돌파하여 그리스도교에 관한 일종의 다차원적 관찰을 모색하기 때문이다. 이 책은, 단어의 가장 참된 의미에서, 보편적(일치운동적)인 저작이 되고자 한다.

- 『그리스도교』 中

현대 로마 가톨릭 신학자인 한스 큉의 저작. 앞의 책이 현대 사회에서 그리스도인 됨의 의미를 기술한 책이라면, 뒤의 책은 이러한 문제의식 아래 교회 전통들을 비판적으로 조망

하며, 그리스도교에 대한 일종의 비평사적인 정산定算을 시도한 책이라 할 수 있다. 『왜 그리스도인인가?』에서는 현대 사회에 새롭게 등장한 이데올로기들의 인간 이해, 또 다른 세계 종교들(불교, 이슬람, 유교)을 분석하며 그리스도인은 이러한 이데올로기 및 종교와 어떠한 점에서 발걸음을 함께할 수 있고, 동시에 결을 달리할 수 있는지를 기술한다. 궁극적으로 사랑, 정의, 선, 삶의 의미를 추구한다는 점에서 휴머니즘 이데올로기와 세계 종교들, 그리고 그리스도교는 결을 같이한다. 그러나 그리스도인은 이것이 예수를 추종하지 않고서는, 예수와 친교를 맺지 않고서는 이루어질 수 없다고 고백한다.

추종에서야말로 그리스도인은 다른 위인들의 제자, 지지자와 구별된다. 그리스도인에게는 예수의 가르침만이 아니라 예수의 삶과 죽음과 새로운 삶이, 곧 예수 자신이 궁극 목적으로 주어져 있다. 마르크스주의자나 프로이트 신봉자라면 자기 스승에 대하여 이런 주장을 하지는 않으리라. 마르크스와 프로이트는 친히 저서들을 남겼지만 이들은 저자와의 특별한 유대 없이도 연구, 추종될 수 있다. 그들의 저서, 그들의 교설은 원칙적으로 그들의 인격과 분리될 수 있다. 그러나 예수의 '가르침'인 복음은 예수의 삶과 죽음과 새 삶에 비추어서야 비로소 그 참뜻이 이해된다. … 예수 자신과 분리될 수 있는 예수의 '가르침'이란 없다.

- 『왜 그리스도인인가?』 中

그렇다면 그리스도교는 예수의 삶과 죽음, 새로운 삶을 비추어 사람들의 헌신을 끌어내도록 발전해왔는가? 이 물음은 그가 『그리스도교』에서 진행한 작업을 인도하는 핵심 물음이 된다. 그리스도교 역사를 기술하며 그는 토머스 쿤Thomas Samuel Kuhn이 제안한 패러다임 분석을 가져오는데 그에 따르면 역사 속 그리스도교는 적어도 다섯 번의 패러다임 전환(원그리스도교의 유대계 묵시문학 패러다임, 고대 그리스도교의 보편적 헬레니즘 패러다임, 중세의 로마 가톨릭 패러다임, 종교개혁의 개신교 복음 패러다임, 이성과 진보에 정향된 근대 패러다임)을 거쳤다. 하지만 한 패러다임은 다른 패러다임으로 완전히 대체되는 것이 아니라 여전히 세계에 살아남아 흐르고 있는데 보편적 헬레니즘 패러다임은 동방 정교회의 형태로, 중세 패러다임은 로마 가톨릭의 형태로, 종교개혁 패러다임은 개신교의 형태로 남아 있다. 각 교회는 모두 이성과 진보에 정향된 근대 패러다임의 등장 이후 커다란 도전을 맞이했는데(그리고 여전히 도전을 마주하고 있는데) 『왜 그리스도인인가?』에서 어느 정도 언급했던 바탕 인물(예수)과 근본 물음("누가 정통적인가?", "누가 공교회적인가?", "누가 복음적인가?")에 비추어 각 교회 전통이 갱신되어야 한다고 역설한다. 앞서 언급했듯 '그리스도교란 무엇인가?', 혹은 '그리스도교인이란 누구인가?'라는 질문에는 크게 신학적인 방식으로 대답하는 길과 역사적인 방식으로 대답하는 길 두 가지가 있는데, 두 책은 두 길을 모두 놓치지 않고 답하려는('본질과 역사'라는 부제가 이를 잘 보여준다) 흔치 않은 시도를 하고 있다는 점에서 돋보이는 저작이다.

하느님의 영은 믿는 이의 마음속에 현존하고, 또 그렇게 신앙공동체 안에도 현존한다. 이 영은 그리스도교에 관해 말하고 연구하고 가르치고 설교하게 할 뿐 아니라, 그리스도교를 가슴으로 느끼고 진실로 몸소 겪고 삶 속에서(타고난 성품대로, 소박하고 성실하게, 하느님의 영에 대한 신뢰 안에서) 참으로 실천하고 살아내도록 해준다. 그러므로 그리스도인들은 그리스도교가 3천년기에도 미래를 가지고 있다는 것, 이 영과 믿음의 공동체에게는 독특한 종류의 "무류성"이 주어져 있다는 것을 믿고 바랄 수 있다. 이 무류성은 이러저러한 권위들이 특정한 상황에서는 잘못을 저지르거나 오류를 범하지 않는다는 따위에 근거하는 것이 아니라, 신앙인 공동체는 온갖 잘못과 오류, 죄와 패덕에도 불구하고, 성령을 통해 예수 그리스도의 진리 안에 굳건히 머문다는 사실에 근거한다.

여기서 문득 예수의 동시대인이요 온 백성에게 존경받는 율법학자였던 바리사이 가말리엘의 유명한 충고가 떠오른다. 이 사람은 (사도행전에 따르면) 사도들이 체포된 후, 예루살렘에서 열린 최고의회에서 그리스도인들에 관해 의원들에게 이렇게 말했다. "이 계획이나 일이 사람들한테서 비롯된 것이라면 없어지고 말 것입니다. 그러나 하느님에게서 비롯된 것이라면 물론 그들을 없앨 수 없을뿐더러 자칫 여러분 스스로 하느님의 적대자가 될 것입니다."(사도 5:38~38)

-『그리스도교』中

· 『신뢰하는 삶 - 그리스도교 신앙의 기초』, 로완 윌리엄스 지음, 김병준, 민경찬 옮김, 비아, 2015

· 『그리스도인이 된다는 것』, 로완 윌리엄스 지음, 김기철 옮김, 2015

'그리스도인의 삶을 이루는 핵심 요소는 무엇인가?' 이 문제를 다루면서 … 그리스도교 공동체의 일원임을 깨닫게 해주는 간단하고 명료한 요소들을 중점적으로 살펴보고자 합니다. 이 작은 책의 목적은 여러분이 그중에서도 가장 두드러진 네 가지, 세례와 성경, 성찬례, 기도에 대해 깊이 생각하도록 돕는 데 있습니다. -『그리스도인이 된다는 것』中

이 책에서 다루는 모든 내용의 기본 전제는 그리스도교 신앙이란 진정으로 누구를, 그리고 무엇을 신뢰할 것인가에 관한 앎이라는 것입니다. 그리스도교는 여러분에게 제도에 이름을 등록하라고 요구하기 이전에 그리스도교가 말하는 하느님을 신뢰할 것을 요구합니다. 실천인 가르침, 교리의 원천은 일단 한번 신뢰의 발걸음을 내딛는 것입니다. … 그리스도교가 전하는 가르침은, 전적으로 신뢰할 수 있는 하느님을 믿는다는 것이 무엇을 뜻하는지 탐구하면서 성장해 왔기에 올바름과 이치에서 벗어나지 않을 수 있었습니다.

-『신뢰하는 삶』中

신학자이자 주교인 로완 윌리엄스가 캔터베리 대주교로 활동하던 시기 캔터베리 대성당에서 강연한 내용을 출간한 책으로『그리스도인이 된다는 것』은 그리스도교를 이루는 네 가지 주요 요소(세례, 성서, 성찬례, 기도),『신뢰하는 삶』은 그리스도교 신앙의 근본 가르침을 집약해놓은 사도신경, 니케아 신경의 의미를 해설하고 있다.

지은이에 따르면 그리스도교 신앙의 핵심은 "누구를, 그리고 무엇을 신뢰할 것인가"에 관한 앎이다. 그리스도교인은 하느님을 그분이 하늘과 땅을 만드신 하느님이시기에 신뢰한다. 어떤 것도 필요로 하지 않고 완전히 자족하는 존재인 하느님이 자신의 활동을 통하여 자신과 다른 피조물을 만들 때 우리가 떠올릴 수 있는 단 하나의 동기, 조건 없이 완전히 주어지는 사랑과 그러한 사랑을 감당할 수 있는 절대적인 자유다. 하느님은 자신의 자유로 우리를 포함한 우주를 창조하셨으며 사랑으로 우리와 함께하신다. 자신의 형상을 닮은 인류와 세상이 자신을 거스른다 할지라도, 그리하여 절망적인 상황에 놓인다 할지라도 하느님은 그들과 씨름하고 함께 협력하는 가운데 새로운 상황을 빚어내신다. 그리스도교는 바로 이 하느님을 신뢰한다. 여기서 신뢰란 어떠한 만남도 없이 일어나는 막연한 믿음, 특정 대상을 향한 맹목적 믿음, 어떤 사물의 존재 여부를 따지는 믿음이 아니다. 신뢰는 누군가, 무엇인가 아무런 조건도 어떠한 제약도 없이 나 자신을 위해서 역사하고 있으며 내 삶의 모든 국면에서 이미 나를 지탱해오고 있음을 자각하며 내가 하느님이 이루시는 역사의 흐름에 동참하는 가운데 새로운 세계의 시민으로 받아들여졌음을 깨닫는 일이다. 다른 이들(특히나 신뢰할 만한 하느님을 삶으로 담아내 신뢰를 일으키는 이)과의 만남은 우리가 지금 여기를 넘어선 실재, 지금 여기를 지탱하고 있으면서 동시에 지금 여기를 꿰뚫고 들어와 갱신하는 실재를 보게 한다. 이러한 의미에서 그리스도교 신앙은 하느님이 우리를 창조하셨으며 지금 이 순간에도 우리와 함께하셔서 우리를 유지하시며 동시에 우리가 온전한 자신이 되는 방향으로 인도하심을 신뢰하고 이를 다양한 방식으로 되새기며 삶으로 녹여내는 활동이다.

『그리스도인이 된다는 것』에서는 이 신뢰로 들어서는 공식적인 절차로서의 세례, 이 신뢰를 불러일으키며 동시에 되새기게 해주는 원천이 되는 성서, 신뢰를 고백하는 이들이 모여서 하는 대표적인 활동인 성찬, 그리고 이 신뢰를 바탕으로 이루어지는 대표적인 실천인 기도의 의미를 설명한다. 하느님을 향한 신뢰와 맞닿아 있기에 세례는 그리스도교인이 되었다는 공식적인 선언일 뿐 아니라 우리를 향한 하느님의 본래 의도를 따른다는, 참다운 인간성을 회복하는 과정으로 들어간다는 의미를 지닌다. 세례를 통해 그리스도교인은 인간의 곤경을 정직하게 마주함과 동시에 하느님의 사

랑이라는 심연 또한 마주하게 된다(이를 『그리스도교』 본문에서
는 "이중의 시각"이라고 표현했다). 또한 성서는 단순히 개인이 읽
고 연구하는 책이 아니라 하느님을 신뢰하는 이들의 공동체
인 '교회'가 '함께' 듣고 묵상하는 책이다. 성서를 통해 우리
안에서 다시 울려 퍼지는 '말씀'은 우리를 하느님께 귀 기울
이는 공동체적 존재로 거듭나게 하며, 성찬례는 이 공동체적
존재를 구체적으로 보고, 듣고, 냄새 맡고, 느끼게 한다. 이
러한 새로운 인격체로 거듭남은 일회성으로 종결되는 것이
아니라 기도를 통해, 예수의 기도가 우리 안에서 퍼져나가게
함으로써 평생에 걸쳐 이루어진다. 기도를 통해 우리는 우리
자신, 세계, 하느님과 화해를 이룬다.

두 책은 그리스도교에 관한 별다른 정보를 제공하지는 않
으며 그리스도교 신앙의 내용, 실천이 이치에 맞는지 맞지
않는지 일일이 논증하지 않는다. 그 대신 로완 윌리엄스는
그리스도교 신앙이 무엇을 향하는지, 그리고 이를 통해 무엇
을 '보게' 되는지, 그리고 새롭게 열린 세계에 뿌리내리기 위
해 그리스도교인들이 무엇을 해왔는지를 기술함으로써 그
리스도교 신앙의 내용과 실천의 상호연관성, 그 속에 일관되
게 흐르고 있는 의미를 한 폭의 풍경화를 그리듯 기술한다.
그리스도교에 관해 안다는 것은 단순히 인류가 만들어낸 하

나의 종교에 관해 아는 것이 아니라, 역사 속 특정 시점에 드러나게 된 새로운 세계를 봄으로써 인류의 근본에 대해 성찰하는 것임을, 그리하여 새로운 인간으로 거듭나는 길에 관해 알아가는 것임을 환기시키는 저작들이다. 분량은 『그리스도인이 된다는 것』이 좀 더 얇지만 『신뢰하는 삶』을 먼저 읽은 다음 『그리스도인이 된다는 것』을 읽을 때 더 입체적인 읽기가 가능하다.

· 『신앙의 논리』, 마크 A. 매킨토시 지음, 안에스더 옮김, 비아, 2019

그리스도교인들에게 이 세상에 이루어지는 삶의 배경과 맥락을 규정하는 것은 이 세상에서 활동하시는 하느님에 관한 이야기입니다. 우리에게는 천국이 열리고 하느님의 나라가 오는 것으로 마무리되는 이야기가 필요합니다. 무無에 생명을 불어넣고자 하시는 하느님의 갈망에 관한 이야기, 이집트의 노예 생활에서 이스라엘 백성을 건지시는 이야기, 우리 가운데 예수로 오셔서 성령의 활동으로 우리를 당신께서 뜻하신 바대로 이끄시는 이야기 안에서 우리의 삶은 자리를 잡고 의미를 얻습니다. 이 이야기는 신학이 삶의 의미를 탐구할 때 배경과 맥락이 됩니다. 이 이야기, 우리와 함께하시는 하느님의 이야기는 우리가 만물, 모든 사건 가운데 활동하는 사랑의 신비를 알아차리고 감지할 수 있게 해주는 심원한 배경입니다.

조직신학자이자 성공회 사제, 로욜라 대학교에서 그리스도교 영성과 신학을 가르치는 마크 A. 매킨토시Mark A. Mcintosh가 '신학 함'doing theology이란 무엇인지 풀어낸 신학 입문서. 지은이는 신학이 눈에 보이는 대상을 탐구하는 학문이 아니라 눈으로는 볼 수 없는 것, 즉 '신비'를 다룬다는 점에서 여타 학문과는 다른 성격을 갖게 된다고 본다. 그러나 신비는 단순한 수수께끼가 아니라 "우리 일상 속에 감추어진 진리, 우리 삶의 참된 의미"다. 눈에 보이는 현실에서 우리 삶은 일종의 이야기지만, 표층적인 차원에서는 파편적이고 일그러져 있으며 그 의미를 발견하기 힘들다. 매킨토시는 그리스도교 신앙은 근본적으로 우리 현실 아래 흐르는 '이야기 중의 이야기'를 배경으로 삼아 우리라는 불완전한 이야기의 의미와 목적을 발견해나가는 것이며 그러한 맥락에서 신학은 저 이야기를 들려주고, 우리라는 이야기와 연결해나가는 작업이라 할 수 있다. 이러한 신학적 활동이 우리 삶에 뿌리내릴 때, 우리는 기쁨으로 우리 자신과 세계를 '본래 이야기'에 맞게 회복시키시는 삼위일체 하느님의 활동에 참여할 수 있게 된다.

이 세상에서 하느님의 자기 소통self-communication으로 일어나는 사랑과 기쁨, 즉 신학을 통해 우리는 성부에게 보내지고 성령의 인도를 받아 우리 자신을 사랑 안에서 자유롭게 하느님을 향해, 이웃에게 내어줍니다. 이것이 바로 예수가 우리에게 보여준 것이었습니다. 그는 성령 안에서 아버지와 맺는 관계의 의미를 알리고 해석하기 위해, '신학화'하기 위해 매일 분투했습니다. 우리가 좀 더 신학적으로 살게 된다면 하느님께서 자기 자신과 소통하시는 와중에 쓰시는 언어의 운율과 어조가 자연스럽게 우리 삶에 배어들게 될 것입니다. 그리하여 그분의 언어는 곧 우리의 모국어가 될 것입니다. 또한 우리가 점점 더 신학의 언어, 하느님의 생명이 담긴 언어를 모국어로 사용하게 되면 우리는 현실과 좀 더 깊이 소통할 수 있게 되고, 온 피조세계가 누리도록 창조된 사랑의 교감을 감지하게 될 것입니다. 그리스도와 친교를 나눔으로써 사랑은 우리 안에서 자라나 우리의 이해를 변화시키고 관계가 소원한 이와 화해시키며, 막힌 담을 무너뜨

럽니다. 삼위일체 하느님의 소통을 통해 일어나는 사랑의 운동은 우리를 사회의 그늘진 곳으로 보내며, 그곳에서 해야 할 일을 감당케 합니다. 이는 우리에게서 일어나 구체화하는 신학의 열매입니다.

많은 경우 신학 입문서, 조직신학 저작들은 그리스도교 메시지를 명제화하여 그 이치를 입증하려는 데 관심을 기울이곤 한다. 하지만 이 책은 삼위일체 하느님의 관계적 삶이라는 토대에서 시작해 창조, 계시, 성육신, 구원, 친교라는 그리스도교 메시지가 근본적으로 하나의 커다란 이야기, 우리 삶에 의미를 부여하는 이야기, 우리를 본연의 삶으로 인도하는 이야기임을 환기시키고 각 메시지의 요소들이 어떻게 일관성 있게 연결되는지에 초점을 맞춘다. 그리고 이러한 연결을 통해 (상대적으로 다른 조직신학 저작에서는 부차적으로 다루어지는) 이 세상에서 교회가 갖는 의미, 예배의 의미가 자연스럽게 도출된다. 그리스도교 신앙이 그리는 전체 그림, 그리고 그 그림과 구체적인 실천들이 어떠한 관계를 지니고 있는지를 잘 보여주는 저작이다.

· 『성서, 역사와 만나다 - 민족의 경전에서 인류의 고전으로』, 야로슬 라브 펠리칸 지음, 김경민, 양세규 옮김, 비아, 2017

이 책에서는 다양한 성서가 어떠한 면에서 같으며 어떠한 면에서 다른지, 왜 다른지를 다룬다. 즉 오랜 기간 이어진 성서의 역사를 다루며 성서의 내용뿐 아니라 사람들이 성서를 어떻게 읽고 이해했는지를 이야기할 것이다. 유대교와 그리스도교의 관계사, 그리스도교 세계에서 교파 분열의 역사는 성서 해석 역사의 일부분이다. 여러 교파는 성서를 두고 대치한다. 그들이 모두 중요하게 여긴 신성한 문헌은 교파 분열을 촉진했다. ··· 교리 문제뿐만 아니라 성서를 경전으로 읽는 신자들이 서로를 어떻게 이해해 왔는지를 파악하기 위해 성서 해석의 중요성과 그 한계를 인지하는 것은 매우 중요하다.

그리스도교 역사가이자 역사신학자인 야로슬라브 펠리칸Jaroslav Pelikan이 그리스도교의 핵심 요소인 성서가 어떻게 해석돼 왔는지를 살핀 저작. 지은이는 영문판 루터 선집을 편집했으며 5권으로 이루어진 『그리스도교 전통』The Christian Tradition의 지은이로 널리 알려졌는데, 이를 통해 상대적으로 신학적 깊이가 부족하다고 평가받던 미국 신학계에 새로운 자양분을 제공했다. 그의 생애 마지막 시기, 이 작업의 연장 선상에서 성서의 형성과 전파, 번역과 해석, 충돌과 화해라는 지난하고도 복잡다단한 성서의 역사를 저술한 책이 바로 『성서, 역사와 만나다』이다.

머리말과 열두 장의 본문, 그리고 에필로그로 구성된 이 책은 크게 보면 연대기 순을 따른다. 본문 첫 여섯 장은 히브리 성서와 그리스도교 신약성서, 나아가 외경과 주석을 비롯한 문헌들이 어떤 배경에서 탄생해 기록으로 남아 오늘날 우리가 알고 있는 '책'의 형태로 형성되었는지를 살핀다. 이어지는 7장에서 12장까지는 5세기에서 20세기에 달하는 대략 1500년이라는 세월 동안 서양 문명의 흐름과 함께 성서가 어떻게 읽히고, 이해되었으며, 전파되었는지, 마침내 인류의 고전으로 자리 잡을 수 있게 되었는지를 기술한다.

"태초에 말씀이 계셨다." 이 말씀은 히브리어라는 옷을 입은 뒤 한 민족 안에서 입에서 입으로 전해졌으며, 디아스포라 현상과 더불어 그리스어를 덧입게 되었다. 비슷한 시기 등장한 그리스도교는 그 말씀을 해석하는 새로운 빛을 선사했고, 이 새로운 빛 안에 서 있던 히에로니무스Jerome는 말씀에 다시금 라틴어라는 옷을 입혔다. 르네상스 인문주의자들은 두꺼워진 옷을 벗겨내려 했고, 뒤이은 프로테스탄트 종교 개혁가들은 '원문'이라는 처음의 옷을 복원하려 애쓰면서도 한편으론 '토속어'라는 새로운 옷을 입혀 모든 이가 말씀을 입게 하려 애썼다. 이 모든 과정은 결코 단순하지도, 아름답기만 하지도 않았다. 때로는 희망으로 가득 찼으나, 때로는 비극이기도 했다. 성서의 역사는 갈등과 화해, 상호 몰이해와 이해, 일치와 분열로 겹겹이 쌓여 복잡한 층위를 이루고 있었다.

성서의 소유권을 논하거나 '성서는 누구의 것인가'라고 묻는 것은 그 자체로 주제넘은 행위일 뿐 아니라 신성모독 행위다. 언젠가 에드먼드 버크가 말했듯 우리는 기껏해야 전통의 완전한 주인이 아닌 일시적인 소유자이며 종신 세입자에 불과하다. 이는 유대교인이나 그리스도교인에게만 해당하는 진실이 아니다. 오늘날 모든 인류는 성서의 일시적인 소유자이자 종신 세입자다. 19~20세기에 전례 없이 성서가 배포되고 유통됨으로써 타낙과 신약성서는 사실상 세계의 모든 언어로 번역되었으며 세계 모든 도서관에 소장되어 있다. 이 모든 변화의 싹은 기원전 마지막 몇 세기 동안 타낙이 그리스어로 번역될 때 심겼다고 할 수 있다. 번역의 첫걸음을 내디딘 이래 민족들은 성서를 믿지 않더라도 읽을 수 있게 되었고, 읽었으며, 오늘날까지 읽고 있다.

유대교, 그리스도교의 경전인 성서가 어떻게 형성되고 전파되었는지를 살폈다는 점에서 이 책은 기본적으로 종교사, 혹은 그리스도교사 저작이지만 이와 관련된 문화, 지성의 흐름을 다루고 있다는 점에서 일종의 문화사, 혹은 지성사 저작이라고도 할 수 있다. 세심한 독자들이라면 '홀로코스트' 이후 반유대주의를 극복하고 유대교와 그리스도교의 화해, 온갖 교파로 분열된 그리스도교 교회의 화해를 이루고자 애쓰는 지성인의 면모를 발견할 수 있을 것이다. 또한 절대 타자인 하느님이 성서를 통해 인류에게 자신의 모습을 드러내셨고, 여전히 드러내고 계신다는 신앙인의 면모 또한 발견하게 될 것이다.

- 『개신교의 본질 - 루터의 영혼에서 시작된 종교개혁의 핵심』, 칼 하임 지음, 김회권 옮김, 복 있는 사람, 2018
- 『가톨리시즘 – 보고 듣고 느끼는 가톨릭』, 로버트 배런 지음, 전경훈 옮김, 생활성서사, 2019
- 『교회는 하나다/서구 신앙 고백에 대한 정교 그리스도인의 몇 마디』, 알렉세이 호먀코프 지음, 허선화 옮김, 지만지, 2010

프로테스탄트 신앙의 경건성은 … 거대한 가톨릭 교회를 모체로 하여 성장했다. 그러므로 우선 이 모체를 고찰하여, 무엇이 인간의 마음을 그토록 강력하게 가톨릭 교회로 끌어당기는지 해명하는 것은 불가피한 일이다. 가톨릭 교회 안에 있는 이러한 흡인력을 명료하게 느끼며 지지할 만한 모든 이유를 알고 있으면서도 이 이끌림에 내적 저항감을 갖는 자만이 프로테스탄티즘이 무엇인지를 아는 사람이다. … 프로테스탄트 교회의 경건성이란, 제사장 중심 교회라는 모체에서 생장했으나 이후 어떤 특정한 이유들 때문에 고향을 떠나지 않으면 안 되었던 운동이다.   -『개신교의 본질』中

육화 교리(성육신)가 그리스도교를 다른 위대한 세계 종교들로부터 구분 짓는다는 점은 분명한 사실이지요. 하지만 육화 교리가 어떻게 해서 가톨릭을 다른 그리스도교 종파들과 구분지을 수 있는 것일까요? 개신교와 정교회에선 말씀이 삶이 되심을 가톨릭에서만큼 확실히 믿지 않는다는 말인가요? 물론 다른 교파에서도 육화의 교리를 믿습니다. 하지만 … 가톨릭의 정신에서 가장 핵심인 것은 육화가 시간과 공간을 통해 현존한다는 것, 즉 교회의 신비를 통해 육화의 연장이 가능해진다는 점입니다. 가톨릭은 이 점을 통렬하게 지각하고 있지요. 가톨릭은 성사에 사용되는 기름, 물, 빵, 안수, 포도주, 소금을 통해 하느님의 육화가 계속된다고 봅니다. -『가톨리시즘』中

정교의 성격에 대한 너무나도 왜곡된 이해를 부분적으로 해명할 기회 … 어떤 이유로 프로테스탄티즘은 교황주의로부터 절반의, 혹은 그 이상의 추종자를 떼어 간 후 정교 세계의 경계에 와서는 죽어버렸는가? 이 사실을 종족적인 특성으로 설명할 수는 없다. 칼뱅주의는 … 다른 종족 앞에서가 아니라, 다른 신앙 앞에서 갑자기 멈추어 섰다. 이 문제에 대해서 생각이 있는 사람들은 잠시 숙고해 볼 필요가 있을 것이다. … 서구의 분열은 아마도 이미 천 년 동안 존재해 왔을 것이다. … 그 시기부터 총대주교에 의해 감독된 교회(동방 교회)는 왜 자신의 프로테스탄티즘을 낳지 않은 것일까? 왜 교회는 아직까지 어떤 형태로든 개혁에 대한 결정적인 갈망을 드러내지 않고 있는 것일까? - 『교회는 하나다/서구 신앙 고백에 대한 정교 그리스도인의 몇 마디』 中

역사를 살펴보면 그리스도교는 '하나의 그리스도교'라기보다는 여러 그리스도교'들'로 나뉘었다고 해도 과언은 아니다. 20세기 이후 교회 일치 운동이 일어나고 있기는 하나 그 실질적인 영향은 미미하며, 세계 교회는 크게 서방 교회와 동방 교회로 나뉘고 서방 교회는 다시금 로마 가톨릭과 여러 개신교 교파로 나뉘어 있다. 지금까지 소개한 책들이 대체로 현실 교회'들'에서 일관되게 발견되는, 혹은 그 저변에 공통으로 흐르는 흐름을 잡기 위해 노력을 기울인 책들이라면 여기서 소개하는 세 권의 책은 '그리스도교' 안에서 각 교파의 신학자들이 자신이 속한 교파와 다른 교파의 다른 점, 자신이 속한 교파가 특별히 관심하는 바를 강조함으로써 교파적 정체성을 구축하려 한 저작이라는 점에서 차이를 지닌다. 『개신교의 본질』은 개신교 입장에서 바라본 로마 가톨릭의 특징을 보여주며, 『가톨리시즘』은 로마 가톨릭 입장에서 바라본 개신교와 정교회의 특징을, 『교회는 하나다/서구 신앙

고백에 대한 정교 그리스도인의 몇 마디』는 동방 교회 입장에서 이해한 서방 교회(로마 가톨릭과 개신교)의 특징을 때로는 암묵적으로, 때로는 노골적으로 드러낸다. 이러한 책들이 의미가 있는 이유는, 이러한 책들 존재 자체가 그리스도교의 역사는 성서의 역사가 그러하듯 갈등과 화해, 상호 몰이해와 이해, 일치와 분열로 겹겹이 쌓여 복잡한 층위를 이루고 있음을 보여주기 때문이다. 그리고 어떠한 의미로든 이러한 부류의 책들은 자신의 교파적 고유함을 내세우기 때문에 서로에 대해 '공정한 평가'를 내리고 있지는 않다. 그러므로 이 책들은 따로 읽기보다는 함께 읽어야 한다. 함께 읽을 때 각 교파의 특징과 한계를 균형감 있게 살필 수 있으며 그때야 대화와 일치의 길이 비로소 보이기 때문이다.

그리스도교

- 그리스도교란 무엇인가?

초판 발행 | 2019년 3월 31일

지은이 | 로완 윌리엄스
옮긴이 | 정다운

발행처 | ㈜타임교육
발행인 | 이길호
편집인 | 김경문
편 집 | 민경찬 · 양지우
검 토 | 손승우 · 방현철
제 작 | 김진식 · 김진현
재 무 | 강상원 · 이남구 · 진제성
마케팅 | 이태훈 · 방현철
디자인 | 손승우

출판등록 | 2009년 3월 4일 제322-2009-000050호
주 소 | 서울시 성동구 성수동2가 281-4 푸조비즈타워 5층
주문전화 | 010-9217-4313
팩 스 | 02-395-0251
이메일 | innuender@gmail.com

ISBN | 978-89-286-4528-2 04230
ISBN(세트) | 978-89-286-2921-3 04230
한국어판 저작권 ⓒ 2019 타임교육